교과서 속 신나는 컴퓨터 과학
With
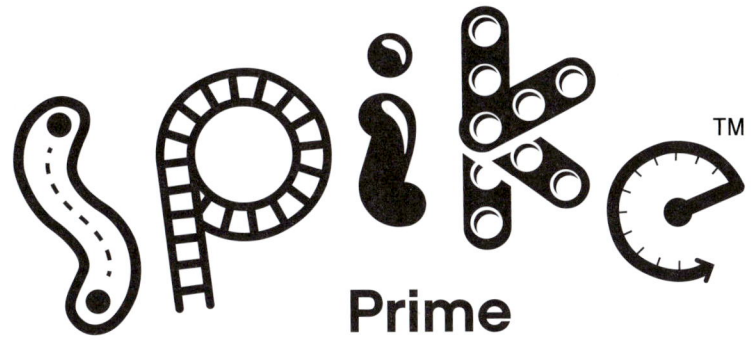
Prime

김인철, 정한별, 강현웅, 차동연 지음

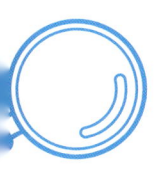

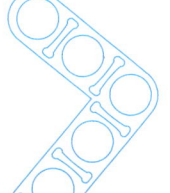

목 차

자동연주 악기를 만들어 볼까요?
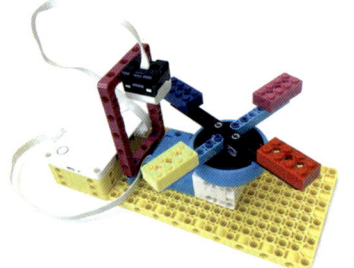
1. 음악 P.16

초능력 악기를 만들어 볼까요?
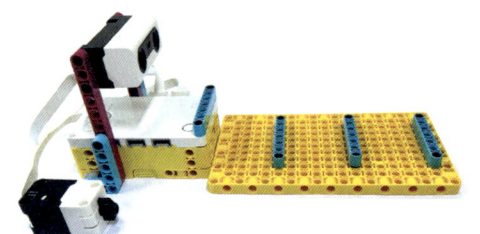
2. 음악 P.26

오늘은 몇 걸음 걸었나요?
신나게 흔들자!

3. 체육 P.36

난 너의 운명!
오늘부터 시작!

4. 체육 P.46

즐거운(?) 발표 시간
조심해! 폭탄이 터진다.
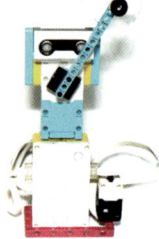
5. 국어 P.58

부자 되세요!
마음이 부자여야 진짜 부자!

6. 도덕 P.70

교과서 속 신나는 컴퓨터 과학 With SPIKE™ Prime

나만의 자동차를 만들어볼까요?

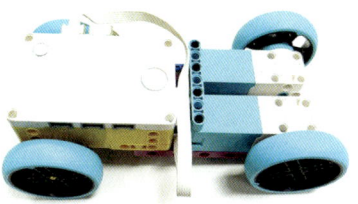

7. 과학   P. 86

바퀴로 길이를 재어 볼까요?

8. 수학   P.96

저울을 만들어 무게를 비교해 볼까요?

9. 과학   P.106

전자 각도기를 만들어 볼까요?

10. 수학   P.120

지구와 달은 어떻게 움직일까요?

11. 과학   P.130

날씨를 알려주는 로봇을 만들어 볼까요?

12. 사회   P.144

저자 김인철의 교재 안내

저자는 어릴 때부터 레고로 만들기를 좋아했고, 로봇 공학자를 꿈꾸는 학생이었습니다. 서울교대 졸업 후 초등학교에서 학생들을 가르치고 있습니다. 현재 경북 미래학교 '구미봉곡초등학교'에 초빙교사로 근무하고 있으며, 초등학생들에게 레고 로봇을 활용한 컴퓨터 과학(하드웨어, 소프트웨어, 인공지능)을 가르치고 있습니다. 다양한 IT제품들을 사용하는 것을 좋아하며, 2020년부터 Google For Education의 Trainer로 활동하고 있습니다.

학교에서 배우는 다양한 교과목 내용은 실제 우리가 살아가는 생활 속 컴퓨터 과학(Computer Sciense)과 연결되어 있을까요? 교과서 내용으로만 살펴봐서는 그 연결 고리를 찾기 어렵지요. 컴퓨터 과학을 교과서 속 지식을 바탕으로 학생들이 직접 만들어가며 생각하고 배운다면 얼마나 즐거울까요? 많은 분들이 이 책을 통해 손으로 만들어가며 컴퓨터 과학을 배우는 즐거움에 빠져보기 바랍니다.

김인철 InchulKER

E-Mail inchulker@gmail.com
Instagram Inchulker

서울교육대학교 졸업
대구교육대학교 대학원 AI 융합교육 석사 과정 중

저서
- 거꾸로교실 프로젝트, 에듀니티(2015.12.)
- 초등 프로젝트 수업, 지식프레임(2018.9.)
- We Can Do It! With WeDo 2.0, 핸즈온테크놀러지(2019.2.)

역할
수학, 과학, 사회 교과 분석 및 7~12 컨텐츠 제작(하드웨어, 프로그래밍)

저자 정한별의 교재 안내

'교구는 참 좋은데 수업 시간에 어떻게 활용해야 할지 모르겠어요.'

레고 에듀케이션의 교구를 보면서 한 번 쯤 이런 생각을 해보신 분이 있을 것이라 생각합니다.

'어떻게 하면 좋은 교구를 수업 시간에도 잘 활용할 수 있을까?' '교과서 내용으로 코딩과 메이킹 활동을 할 수는 없을까?' 이 교재는 이러한 고민에서 시작되었습니다.

그리고 초등학교 교과서를 샅샅이 살펴보며 교과서와 연계되는 내용 중 재미있고 의미있는 내용을 뽑고 뽑아 만들었습니다. 이제 이 교재와 함께 수업 시간에 아이들과 스파이크 프라임으로 즐겁게 교과서 내용을 학습해 보세요. 교과서 내용 뿐만 아니라 SW, 메이킹 활동까지 함께 하는 즐거운 시간이 될 것입니다.

이 교재는 학교에서, 가정에서 누구나 쉽게 활용할 수 있도록 다음과 같이 만들었습니다.

[학교에서] 코딩에 익숙치 않은 선생님께서도 쉽게 지도할 수 있도록 자세하게

교과서 내용과 연계하여 1차시 또는 2차시 안에 학습할 수 있도록 쉬운 로봇, 단계별 프로그램으로

[가정에서] 코딩에 대해 잘 모르는 친구들도 부모님 도움 없이 스스로 활동할 수 있도록 쉽고 재미있는 내용으로 친절하게, 단계별로

이 책을 통해 누구나 쉽고 친숙하게 코딩과 로봇을 접하고 창의적 메이킹 활동을 할 수 있기를 바랍니다.

정한별

E-Mail starjhb@sen.go.kr

서울교육대학교 졸업
서울교육대학교 대학원 인공지능 과학융합교육 전공 재학 중
2019 마포구 전국 창의 소프트웨어 경진대회 운영 위원
2019, 2020 염리초등학교 SW동아리 지도 교사
2019, 2020 서울학생 메이커 괴짜축제 부스 운영
(현) 서부 초등 발명교육센터 담당 교원

역할

국어, 도덕, 음악, 체육 분야 교과서 연구 및 컨텐츠 제작
수학, 과학 교과 컨텐츠 제작 지원

# 프롤로그

▦ 어떤 교재일까요?

 레고 브릭과 함께하는 "교과서 속 신나는 컴퓨터 과학 With SPIKE Prime"은 초등학교 고학년 이상 중학교 이하 브릭을 좋아하며 Maker & Coding에 관심 있는 학생에게 추천합니다. 수학, 과학, 음악 등 교과서 속 단원을 레고 브릭으로 구성하고, 소프트웨어로 다양한 문제를 해결해 봄으로써 컴퓨터 과학(프로그램)에 관심과 호기심으로 자발적인 수업 참여가 가능한 교재입니다.
 본 교재 활용 시 레고 에듀케이션 스파이크 프라임(45678) 1세트와 스파이크 프라임 앱이 설치 가능한 태블릿 또는 노트북이 필요합니다.

▦ 레고 에듀케이션 스파이크 프라임은 어떤 교구일까요?

 레고 에듀케이션 스파이크 프라임은 레고 에듀케이션에서 2020년 출시한 코딩 활용 교구로 스파이크 프라임과 스파이크 프라임 확장 세트로 구성되어 있습니다.
 스파이크 프라임은 모터(3개)와 센서(3종류)등을 포함한 523개의 부품과 인텔리전트 하드웨어 그리고 견고한 보관함과 정리용 트레이로 구성되어 있고, 스파이크 프라임 확장 세트는 603개의 레고 브릭과 라지 모터 및 컬러 센서가 1개씩 포함되어 있습니다.

레고® 에듀케이션 스파이크™ 프라임(45678)   레고® 에듀케이션 스파이크™ 프라임 확장 세트(45680)

*본 교재는 스파이크 프라임(45678)만으로 활용 가능한 교재입니다.

누가 만들었을까요?

"교과서 속 신나는 컴퓨터 과학 With SPIKE Prime"은 덴마크 레고 에듀케이션의 한국 파트너 ㈜핸즈온테크놀러지와 레고 덕후이며 학생들과 즐거운 학교 수업을 꿈꾸는 구미봉곡초등학교의 김인철 선생님, 재미있고 쉬운 콘텐츠로 학생들과 선생님 모두를 만족시키는 교재를 만들고 싶은 소프트웨어 홀릭 서부 초등 발명교육센터 정한별 선생님이 함께 만들었습니다.

교재는 어떻게 구성되었나요?

1 "교과서 속 신나는 컴퓨터 과학 With SPIKE Prime"은

음악 교과(2차시) – 다양한 악기를 만들어 작곡 및 연주하기
(컬러 센서 오르골, 거리 센서 악기 만들기)

체육 교과(2차시) – 건강한 몸을 유지하기 위한 운동량 측정기 만들어 운동하기
(만보계, 윗몸 말아 올리기 측정기 만들기)

국어 교과(1차시) – 발표 시간 알리미 로봇을 활용해 토의, 토론 및 발표 활동하기
(발표 시간 알리미 만들기)

도덕 교과(1차시) – 나눔 저금통을 통해 내면의 아름다움 기르기
(똑똑한 나눔 저금통 만들기)

과학 교과(3차시) – 로봇 제작을 통해 속도, 무게 측정하기, 지구와 달의 움직임 이해하기
(속도, 무게 측정 로봇 만들기, 지구와 달 운동 모형 만들기)

과학 및 사회 교과(1차시) – 데이터를 통해 세계 여러 지역의 날씨 예보하기
(날씨 예보 로봇 만들기)

수학 교과(2차시) – 로봇 제작을 통해 길이, 각도 측정하기
(길이, 각도 측정 로봇 만들기)

12차시로 구성되어 있습니다.

2 각각의 차시는

학생들의 흥미를 고려 차시 별 자유롭게 주제 선택이 가능합니다.
단, 앞 차시일수록 코딩 방법이 단순하고 문제 해결 모형에 사용된 브릭 수가 적어 학생들과 함께 쉽게 부담 없이 진행하실 수 있습니다.

 "교과서 속 신나는 컴퓨터 과학 With SPIKE Prime"은

각 차시마다 간단한 로봇을 만들며 차시별 4단계로 구성되어 있습니다.

도입 : 단원의 문제 상황을 만화 또는 스토리로 제시하고
구성 : 문제를 해결하는 방법을 3단계로 소개하고
연구 : 문제 해결을 위한 레고 브릭과 조립 설계도가 안내되며,
도전 : 움직이는 코딩 알고리즘을 단계별로 제시해

스파이크 스크래치 블록을 하나하나 따라 하며 코딩의 즐거움을 함께 테스트할 수 있는 교재입니다.

책 속의 기호는 어떤 의미인가요?

"교과서 속 신나는 컴퓨터 과학 With SPIKE Prime"은 다양한 그래픽 안내가 제시됩니다.

	차시 안내입니다.
	주제(문제 상황)를 소개합니다.
	문제 해결을 위한 모형 방법을 소개합니다.
	모형을 구성하기 위한 단계를 소개합니다.
	참고자료 및 재미있는 읽을거리를 제공합니다.
	모형을 구성하는 준비물입니다. (Ex. 검정 연결핀 2개, 파란 연결핀 2개)
	구성된 로봇을 움직이는 스크래치 코딩 방법을 단계별로 소개합니다.
	구성된 로봇을 움직이는 필요한 코딩 블록만 소개합니다.
	차시별 이해도에 따른 도전과제를 소개합니다.
Level ⭐	별의 개수는 도전과제의 난이도입니다.
Activity ❤️	수업 확장 활동으로 소개로 ❤️는 난이도를 나타내지 않습니다.

스파이크 프라임 앱을 설치해 볼까요??

앱 설치 시 태블릿 또는 노트북을 선택해 아래의 방법을 참고해 주세요.
(단, 태블릿 사용자의 경우 처음 사용 시 스파이트 프라임 허브를
노트북(또는 데스크톱)에 다운로드 케이블을 연결하여 업데이트 후 사용해야 합니다.)

기기선택	태블릿에서 앱을 설치하려면?	노트북 또는 데스크톱에서 앱을 설치하려면?
준비물	태블릿 / 노트북 / 다운로드 케이블 스파이크 프라임(45678)	노트북 또는 데스크톱 / 다운로드 케이블 스파이크 프라임(45678)
사양	[iPad 3rd generation 이상] Hardware • iPad 3rd generation or newer Operating System • iOS 11 or above [Android Tablet] Hardware • Android tablet with Bluetooth 4.0 or later • 8" display or larger Operating System • Android 7.0 Nougat or above. Released August 2016	Operating System • Windows 10 이상 • Mac OSX 10.14 이상 Hardware • 1.5GHz Intel® Core Duo processor – or equivalent or faster • 1.5GB RAM or more (4GB RAM for Windows 10, 64-bit) • 2GB available hard disk space Bluetooth 4.0 or above
앱 찾기	앱스토어 "스파이크 프라임" 검색하기	https://education.lego.com/ko-kr/downloads

앱은 어떻게 구성되어 있나요?

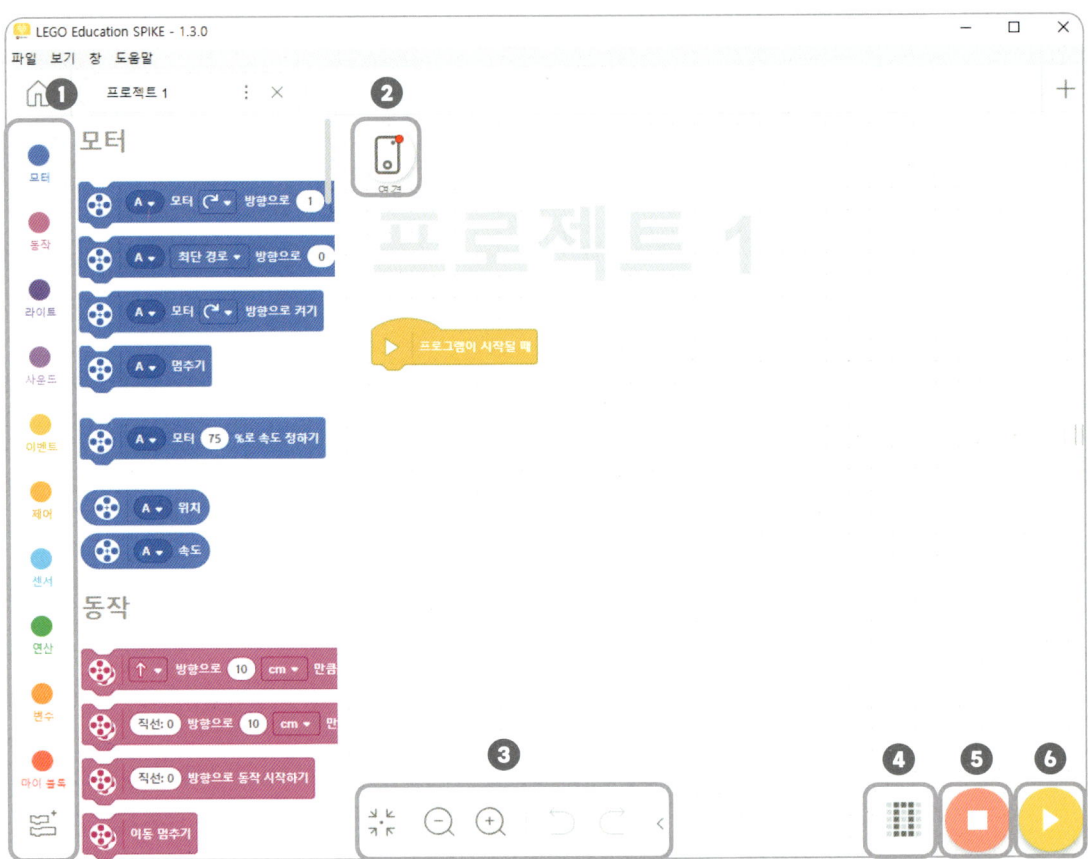

❶ 스크래치와 비슷한 스파이크 프라임 앱은 각각의 활용 블록들이 색깔별로 되어 있습니다.

- 🔵 블록과 🔴 블록은 각각의 모터를 움직이는 프로그래밍을 할 수 있습니다.
- 🟣 블록과 🟪 블록은 허브의 LED를 디자인하거나 소리를 프로그래밍 할 수 있습니다.
- 🟡 블록은 프로그램을 시작하는 다양한 블록을 프로그래밍 할 수 있습니다.
- 🟠 블록은 시간 또는 센서 기다리기, 반복을 프로그래밍 할 수 있습니다.
- 🔵 블록은 힘, 거리, 컬러 센서 블록을 프로그래밍 할 수 있습니다.
- 🟢 블록은 사칙연산의 조건을 프로그래밍 할 수 있습니다.
- 블록 확장 요소 표시는 날씨 관리자, 음악 외 모터 동작 추가 메뉴로 프로그래밍 할 수 있습니다.

❷ 허브와 태블릿의 연결 상태를 나타냅니다. (연결 : 초록색 / 연결 안 됨 : 빨간색)

❸ 프로그래밍 블록을 확대, 축소, 이전 화면으로 만들 수 있습니다.

❹ 프로그램을 허브에 다운로드 저장하는 번호입니다. (0 ~ 20번까지 저장할 수 있습니다.)

❺ 전체 프로그램을 종료 할 수 있습니다.

❻ 프로그램을 실행 할 수 있습니다.

브릭 이름이 궁금해요.

브릭	특징
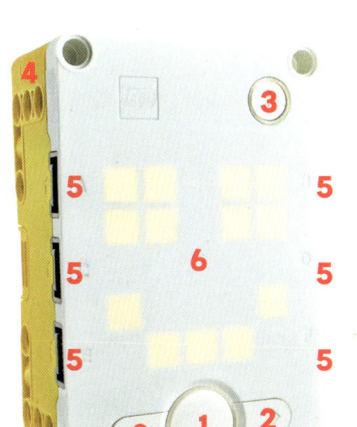 레고® 테크닉 라지 허브	1. 라이트 인터페이스 중앙 버튼 : 전원, 프로그램의 실행, 멈춤 2. 라이트 인터페이스 양쪽 버튼 : 저장된 프로그램 이동 3. 블루투스 켜짐 버튼 4. 충전식 배터리 5. 모터, 센서를 연결하는 6개의 입출력 포트(A, B, C, D, E, F) 6. 5X5 LED 매트릭스 백색 디스플레이
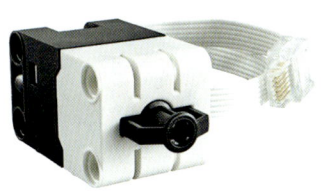 레고® 테크닉 힘 센서	간단한 터치를 감지하고 힘을 측정 터치 감지 : 0, 1 (0~2mm) 힘 감지 : 2.5 ~ 10N (2~8mm) 센서 샘플링 레이트 : 100Hz
 레고® 테크닉 컬러 센서	최대 판독 거리 16mm 색상 : 백색, 청색, 흑색, 녹색, 황색, 적색, 중간 연청색, 보라색 반사광 감지 : 어둠 0% 밝음 100% 센서 샘플링 레이트 : 100Hz
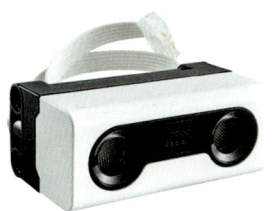 레고® 테크닉 거리 센서	초음파 기술을 사용하여 물체 또는 표면과의 거리를 측정 거리 : 50 ~ 2,000mm 거리 감지 센서 샘플링 레이트 : 100Hz

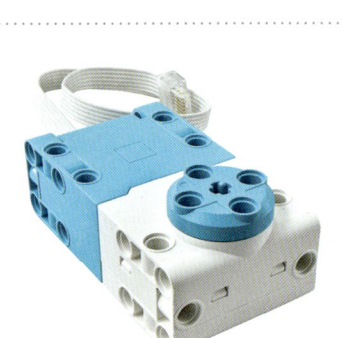
레고® 테크닉 라지 앵글 모터

속도 센서 내장
· 상대 및 절대 위치를 각도로 측정
· 해상도 : 회전 당 360 카운트(정확도 : ≤ ± 3도)
속도 : 175RPM
토크 : 8Ncm
모터 출력 : 5V ~ 9V
전력 소비량 : 135mA ±15%

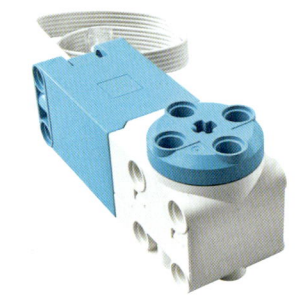
레고® 테크닉 미디엄 앵글 모터

속도 센서 내장
· 상대 및 절대 위치를 각도로 측정
· 해상도 : 회전 당 360 카운트(정확도 : ≤ ± 3도)
속도 : 135RPM
토크 : 3.5Ncm
모터 출력 : 5V ~ 9V
전력 소비량 : 110mA ±15%

브릭 이름표

비스킷 : 사방 9개의 홀에 연결핀을 꽂아 다른 브릭과 연결하여 사용

브릭 2x4 크로스 홀 : 축 또는 축 연결핀과 연결하여 사용

테크닉 프레임

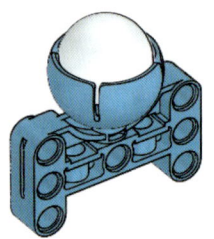

볼 캐스트 : 플라스틱 볼이 바퀴 역할을 하며 전 방향으로 이동이 가능

와이어 클립 : 센서 선 정리 또는 포트 구별 표시

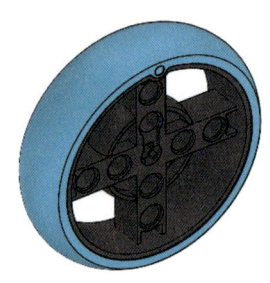

타이어 : 56 X 14mm

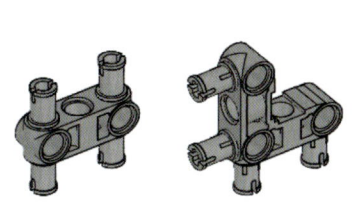	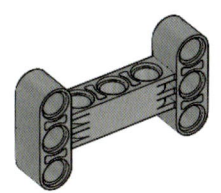	
수직 또는 직각 커넥터	H형-프레임	**리프트 암** : 모형을 입체 구조적으로 구성할 때 사용
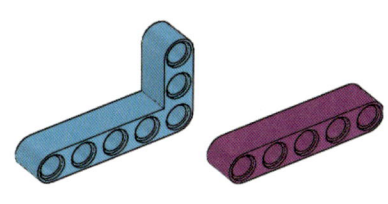		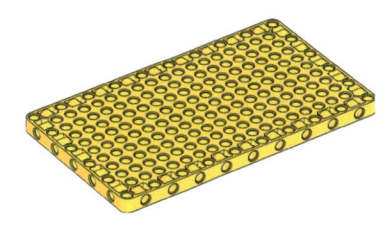
빔 : 홀 있는 브릭을 빔이라고 함	**기어 :** 톱니의 개수의 따라 이름이 정해지며 속도를 결정함	패널

축 길이 재는 법

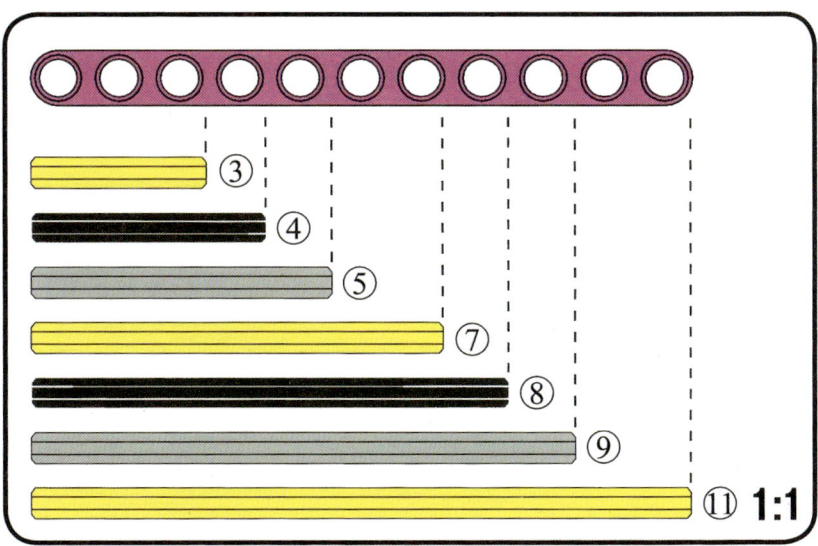

 **스터드(Stud) :** 레고 브릭의 상단에 있는 돌기는 레고의 측정 단위가 된다. 이 돌기가 브릭 하단에 홈에 끼워져 레고 브릭이 조립된다. 위 테크닉 빔을 살펴보면 스터드 사이의 간격은 8mm이고 축의 오른쪽에 숫자가 나타내는 의미가 스터드의 갯수를 의미한다. 참고로 첫번째 노란색 축 오른쪽의 3이라는 숫자는 3스터드를 의미하고 길이는 3X8=24mm이다.

블루투스를 어떻게 연결하나요?

	태블릿 또는 노트북의 설치된 앱과 허브의 블루투스로 연결하려면?
설정 방법	태블릿 설정창 → 장치 → 블루투스 → 블루투스 기타 장치 추가 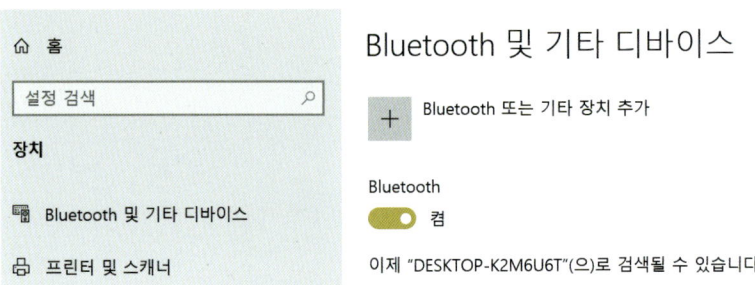
	허브 블루투스 ON + 스파이크 프라임 앱 블루투스 ON 
	케이블을 통해 연결 X 클릭 → 허브 선택 

스파이크 허브의 블루투스 이름을 바꾸려면?		
프로그래밍 화면 연결 클릭 후 →	이름 바꾸기 클릭 →	허브의 이름 바꾸기
허브 OS: 3.0.1 100 %	이름 바꾸기	허브 이름 바꾸기 HOT_19 취소 저장

센서와 모터의 포트 설정 참고사항

교과서 속 신나는 컴퓨터 과학 With SPIKE Prime 교재는

힘 센서 : A 포트 **/ 거리 센서** : C 포트 **/ 컬러 센서** : E 포트
미디엄 모터 : B & D 포트 **/ 라지 모터** : F 포트

연결을 기본으로 프로그래밍 되었습니다.

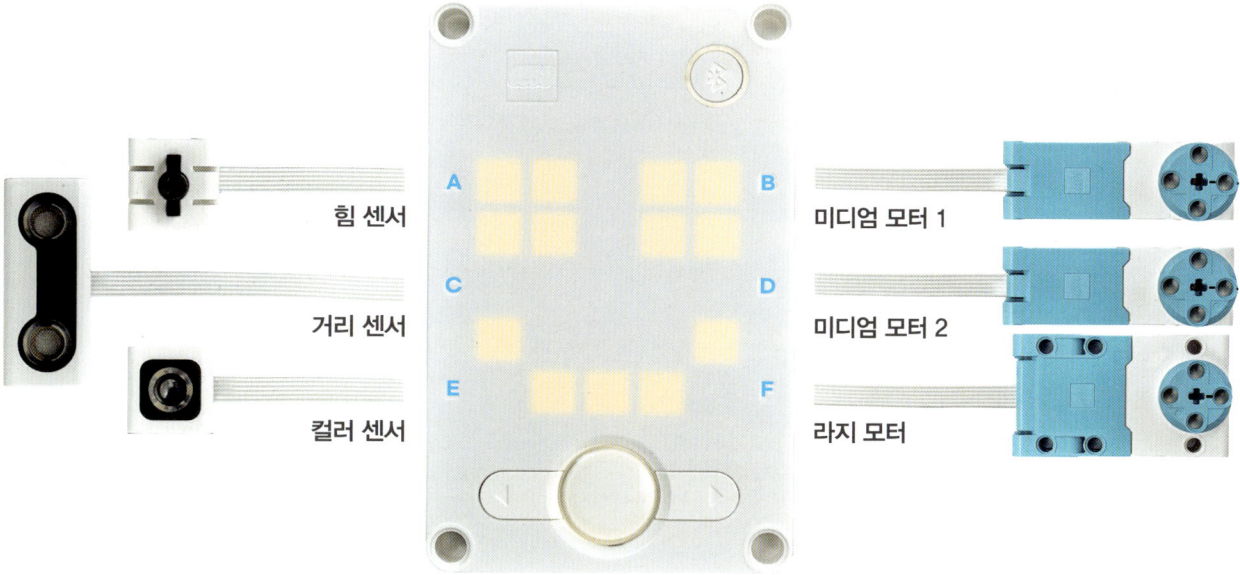

자동 연주 악기를 만들어 볼까요?

주 제 오르골을 만들어 악곡을 연주해 보고 새로운 곡을 만들어 봅시다.
과 목 음악 4~6학년 노래의 특징을 살려 악기로 연주해 봅시다.
　　　　　　　　　노래의 일부분을 바꾸어 표현해 봅시다.

▶ 이번 음악 시간에 무얼 만들까요?

오르골에 대해서 알고 있나요? 오르골은 일정한 음악이 자동으로 연주되는 장난감 악기를 말합니다.

장난감 악기라고는 하지만 사실 그 안에는 많은 기술적 요소가 들어가 있습니다.
오늘은 스파이크 프라임으로 간단한 오르골을 만들어 보겠습니다.
각자 만든 오르골을 가지고 노래를 연주해 보고, 또 나만의 노래를 만들며 즐거운 음악 수업을 해봅시다.

오늘은 어떤 장치를 만들까요?

어떻게 움직이게 만들까요?

🟨 모터 위에 바퀴와 빔을 연결하고 그 위에 색깔 브릭을 고정한다.	🟫 구조물을 세우고 컬러 센서가 아래 방향을 향하도록 고정한다.	🟦 모터가 회전하면서 색깔 브릭이 컬러 센서 아래를 지나가게 배치한다.

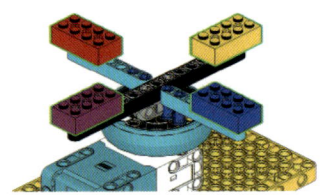  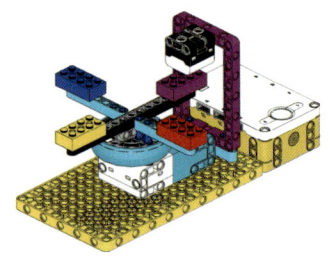

어떤 부품이 필요할까요?

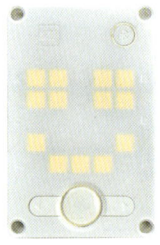 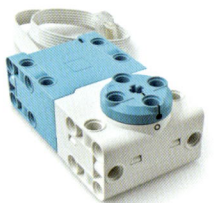 

레고® 테크닉　　　　레고® 테크닉　　　　레고® 테크닉
라지 허브　　　　　　라지 앵글 모터　　　컬러 센서

 **허브** : 코딩을 통해 자체적으로 5옥타브의 비프음을 낼 수 있습니다. 비프음을 제외한 효과음은 노트북이나 패드 등의 장치를 이용하여 출력할 수 있습니다.

라지 모터 : 속도와 회전 방향을 정하여 작동시킬 수 있습니다.

컬러 센서 : 백색, 청색, 흑색, 녹색, 황색, 적색, 중간 연청색, 보라색, 색상 없음 등 9개의 색을 구별합니다. 센서와 색과의 거리에 따라 인식률이 달라지는데 너무 가까워도, 너무 멀어도 정확도가 떨어집니다. 가장 잘 인식할 수 있는 거리는 16mm입니다.

이렇게 만들어요.

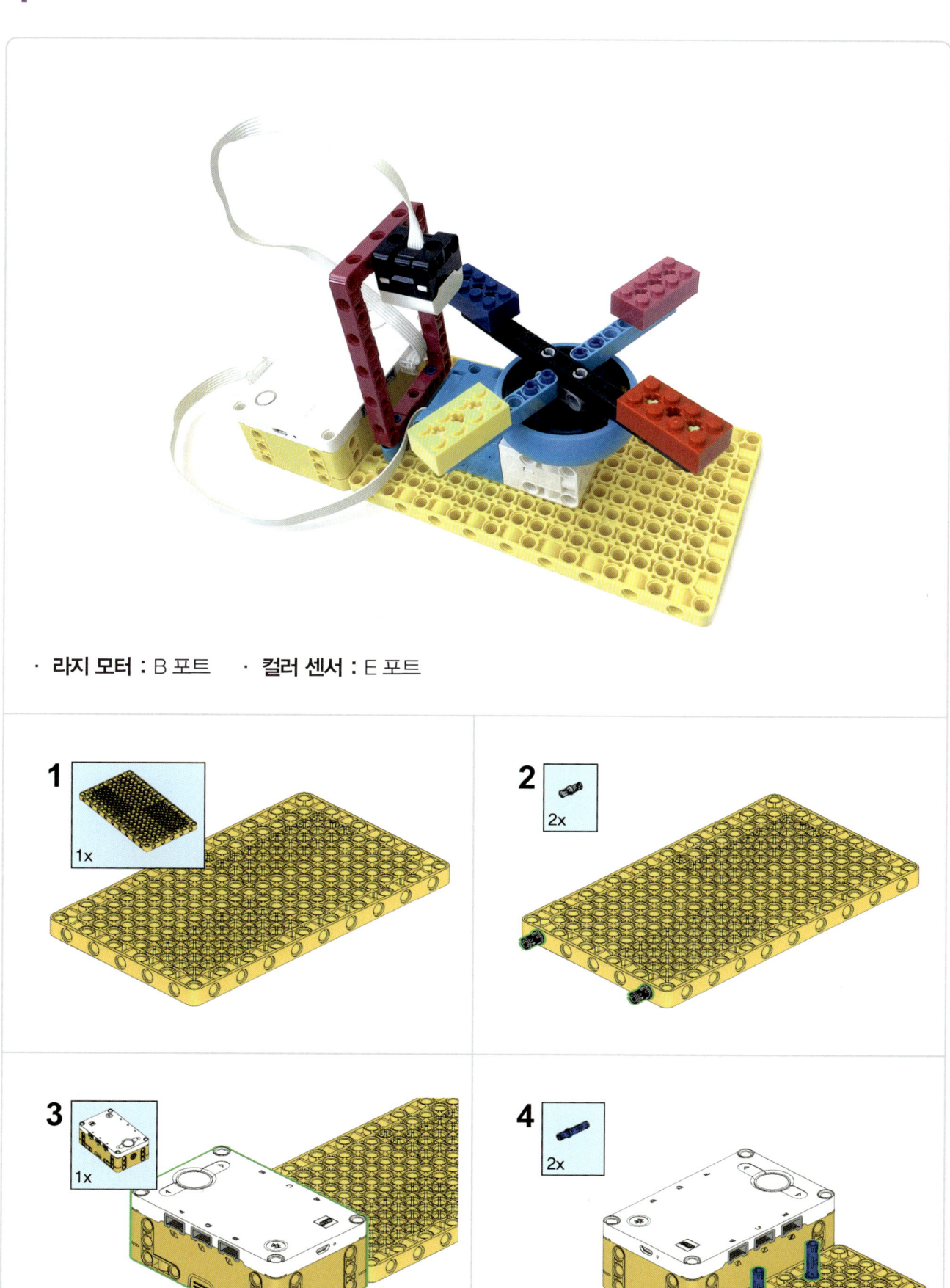

- 라지 모터 : B 포트
- 컬러 센서 : E 포트

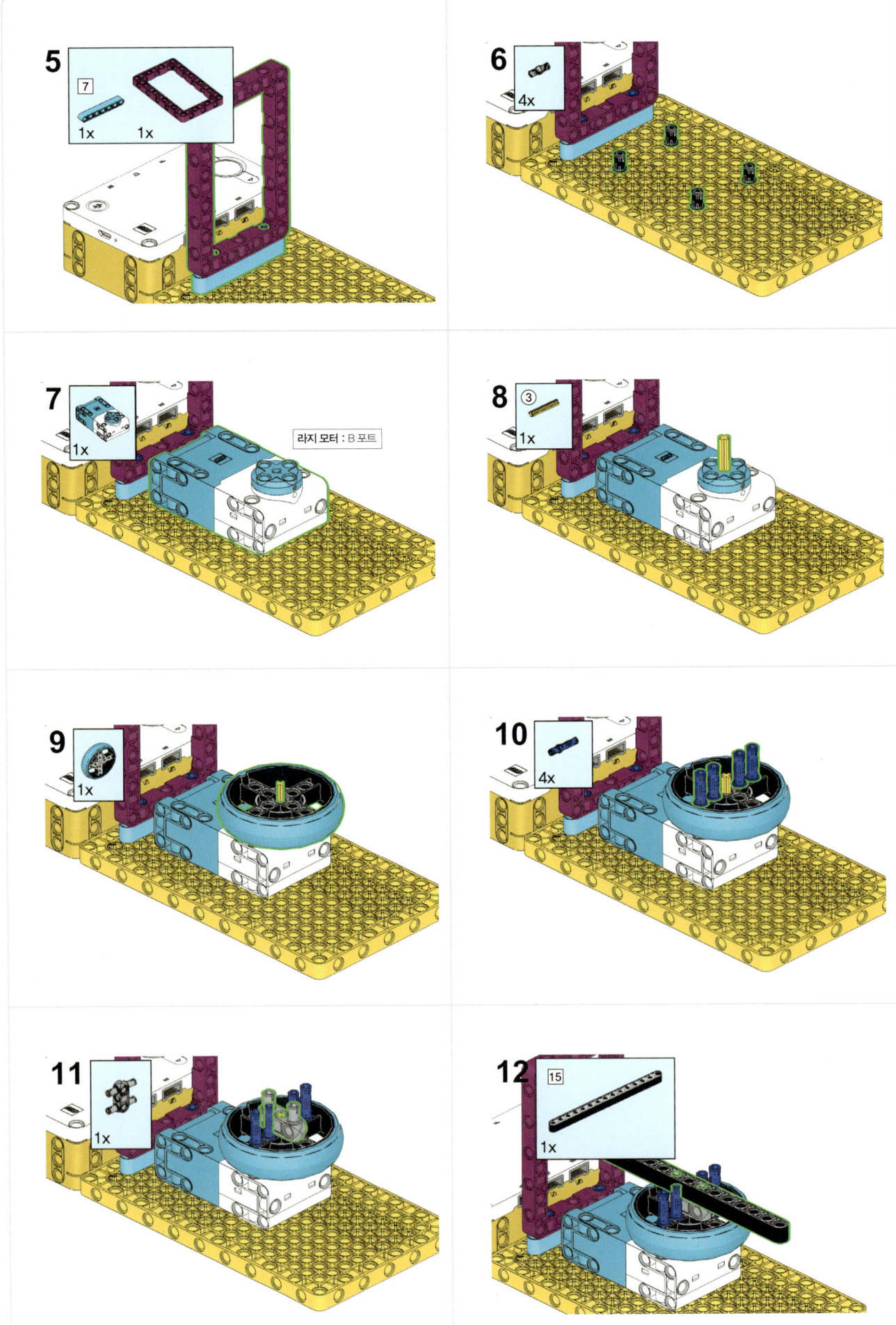

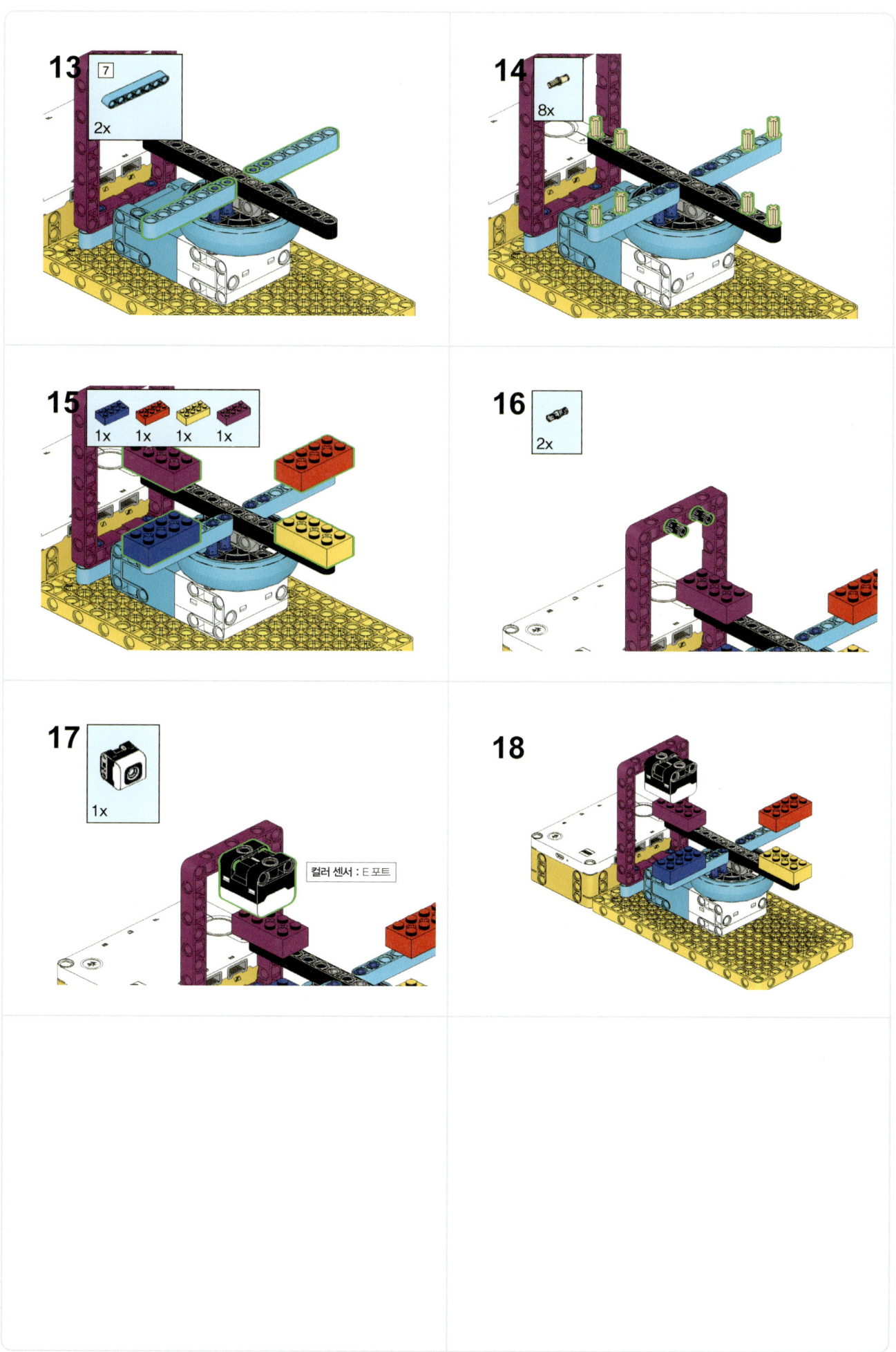

움직여 볼까요?

어떻게 코딩할까요?

- 모터가 회전한다.
- 컬러 센서가 색을 인식한다.
- 인식한 색에 따라 다른 소리를 낸다.

어떤 코딩 블록으로 만들까요?

분류	블록	설명
라이트	켜기	허브 LED에 원하는 모양을 나타냅니다.
음악	악기를 (1) 피아노 (으)로 정하기	확장 블록의 음악 블록에 있으며 악기 소리를 정합니다.
모터	B 모터 5 %로 속도 정하기	모터의 속도를 정합니다.
모터	B 모터 방향으로 켜기	모터를 원하는 방향으로 작동시킵니다.
모터	B 최단 경로 방향으로 0 까지 이동하기	모터를 초기 위치로 이동합니다.
센서	E 의 색상이 인가?	컬러 센서가 인식한 색을 이용합니다.
제어	만약 E 의 색상이 인가? (이)라면 60 번 음을 0.25 박자로 연주하기 아니면	컬러 센서가 색을 인식하면 소리를 내도록 제어합니다.

이렇게 코딩해요.

① 악기 회전시키기

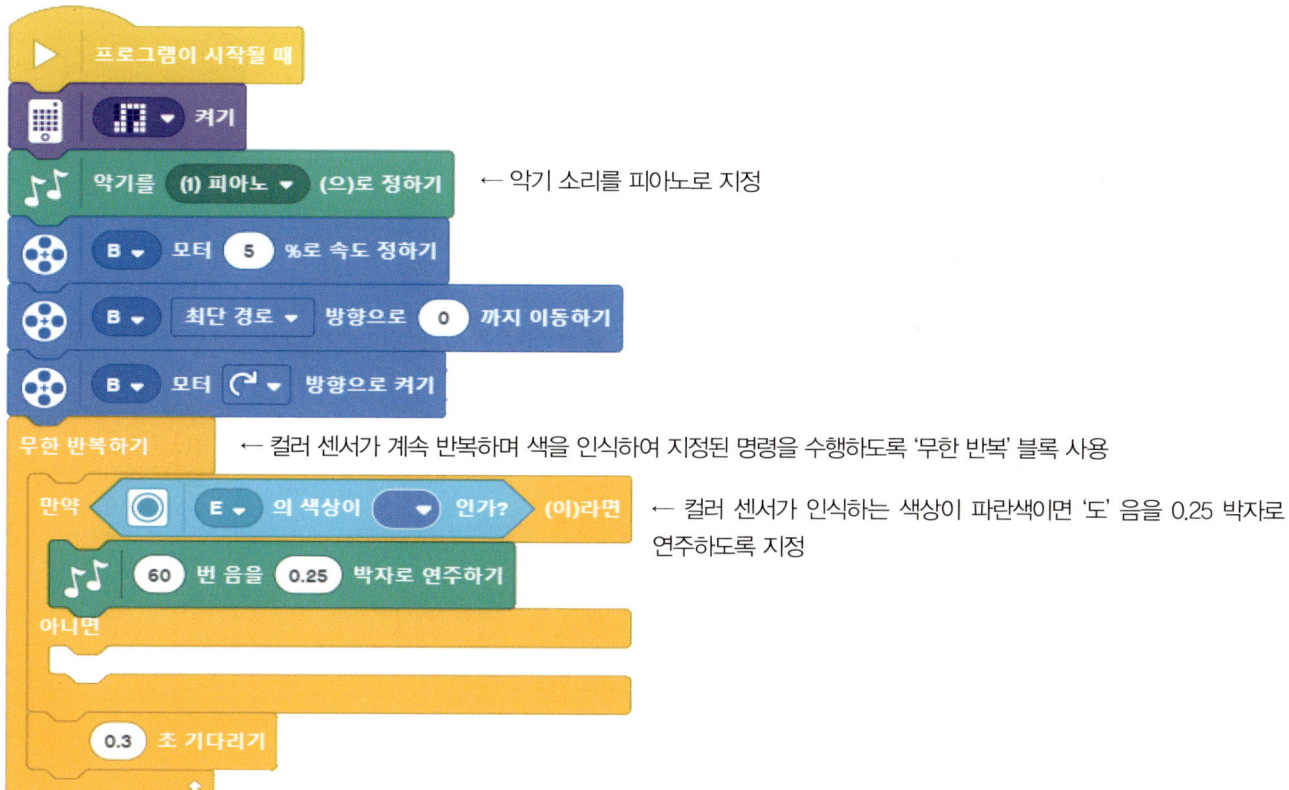

② 컬러 센서가 파란색을 인식하면 '도' 음 내기

③ 컬러 센서가 인식하는 색에 따라 '도, 레, 미, 파' 4음 내기

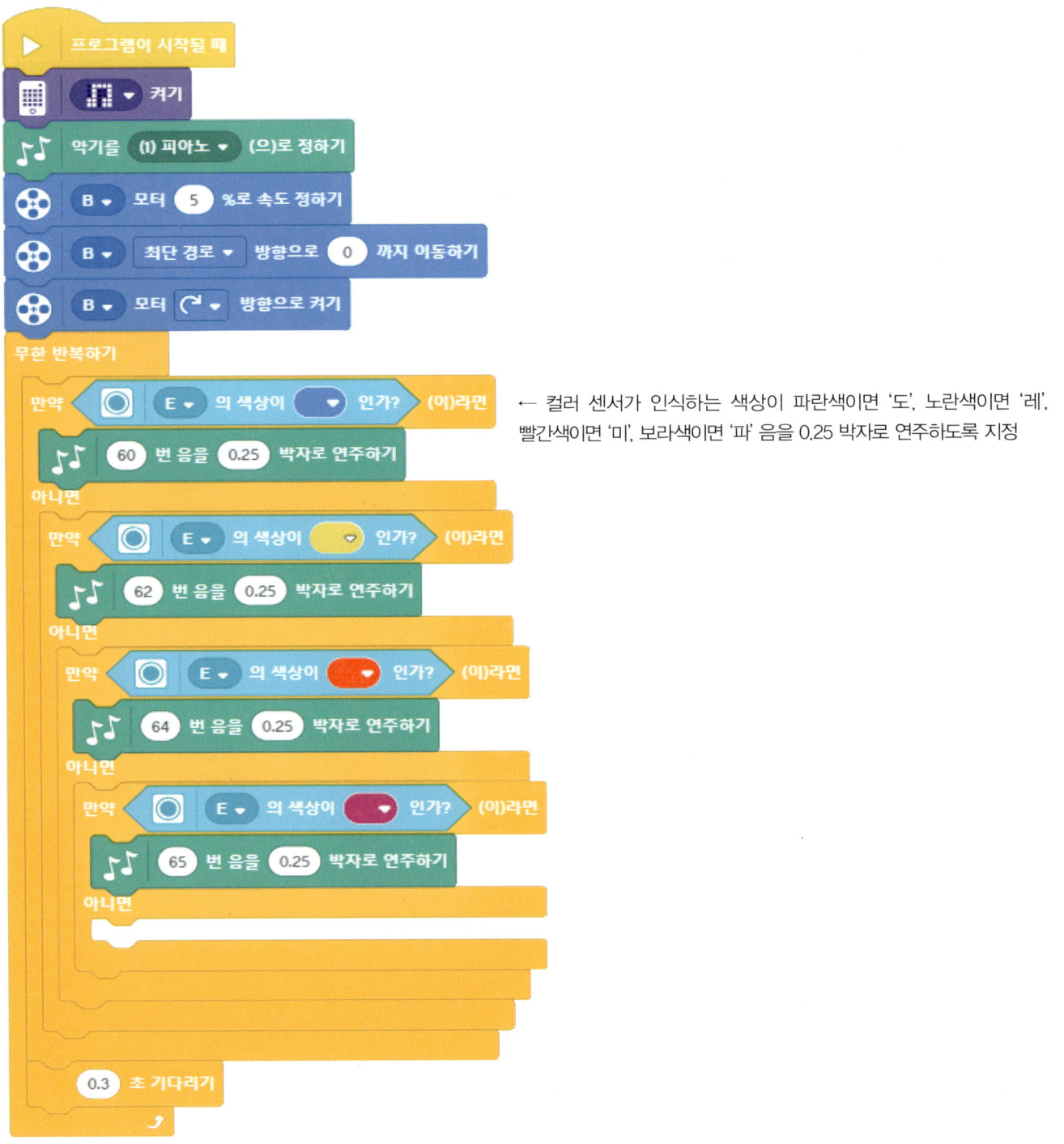

← 컬러 센서가 인식하는 색상이 파란색이면 '도', 노란색이면 '레', 빨간색이면 '미', 보라색이면 '파' 음을 0.25 박자로 연주하도록 지정

 도전해 볼까요?

Level ⭐ '음악' 블록을 활용해 악기를 바꾸어 내가 좋아하는 곡을 연주해 볼 수 있나요?

Level ⭐⭐ 다양한 음계를 소리 낼 수 있도록 악기를 바꿔 볼 수 있나요?

Level ⭐⭐⭐ 아래의 그림과 같이 오르골 모형을 바꿔 곡을 연주해 볼 수 있나요?

Activity ❤ 친구와 함께 두 개 이상의 악기를 만들어 합주를 해 볼까요?

25

초능력 악기를 만들어 볼까요?

주 제 초능력 악기를 만들어 악곡을 연주해 보고 새로운 곡을 만들어 봅시다.

과 목 음악 4~6학년 노래의 특징을 살려 악기로 연주해 봅시다.
    노래의 일부분을 바꾸어 표현해 봅시다.

▶ 이번 음악 시간에 무얼 만들까요?

손바닥으로 초능력을 일으키는 상상을 해본적이 있나요?

손바닥을 이용해서 사물을 조종할 수 있다면 얼마나 재미있을까요?

오늘은 상상을 현실로 만들어 보는 시간을 갖도록 하겠습니다.

손바닥을 이용한 초능력 악기를 만들러 출발해 볼까요?

오늘은 어떤 장치를 만들까요?

어떻게 움직이게 만들까요?

- 거리 센서를 허브 위 적당한 위치에 고정한다.
- 거리 센서가 인식하는 최적 거리(5~30cm) 안에 구간을 나누어 브릭을 붙인다.
- 힘 센서를 허브에 연결하여 손에 쥐고 활동한다.

 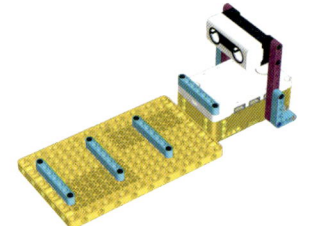 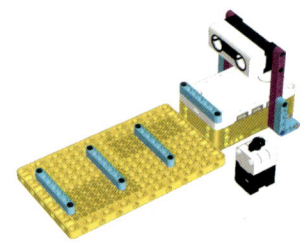

 브릭 간격은 필요에 따라 정하되 거리 센서의 인식 오차가 있으므로, 브릭은 구간 범위의 끝 값보다 1~2cm 앞에 붙이도록 합니다.

어떤 부품이 필요할까요?

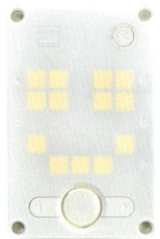  

레고® 테크닉 허브   레고® 테크닉 거리 센서   레고® 테크닉 힘 센서

 **허브** : 코딩을 통해 자체적으로 5옥타브의 비프음을 낼 수 있습니다. 비프음을 제외한 효과음은 노트북이나 패드 등의 장치를 이용하여 출력할 수 있습니다.

거리 센서 : 5cm~2m의 거리를 감지할 수 있으며 5~30cm의 거리를 빠르게 인식합니다. 초음파 악기로 사용할 때 면적이 큰 판을 사용하면 인식률을 높일 수 있습니다.

힘 센서 : 약하게 눌렀을 때와 강하게 눌렀을 때를 구별하여 코딩할 수 있습니다.

이렇게 만들어요.

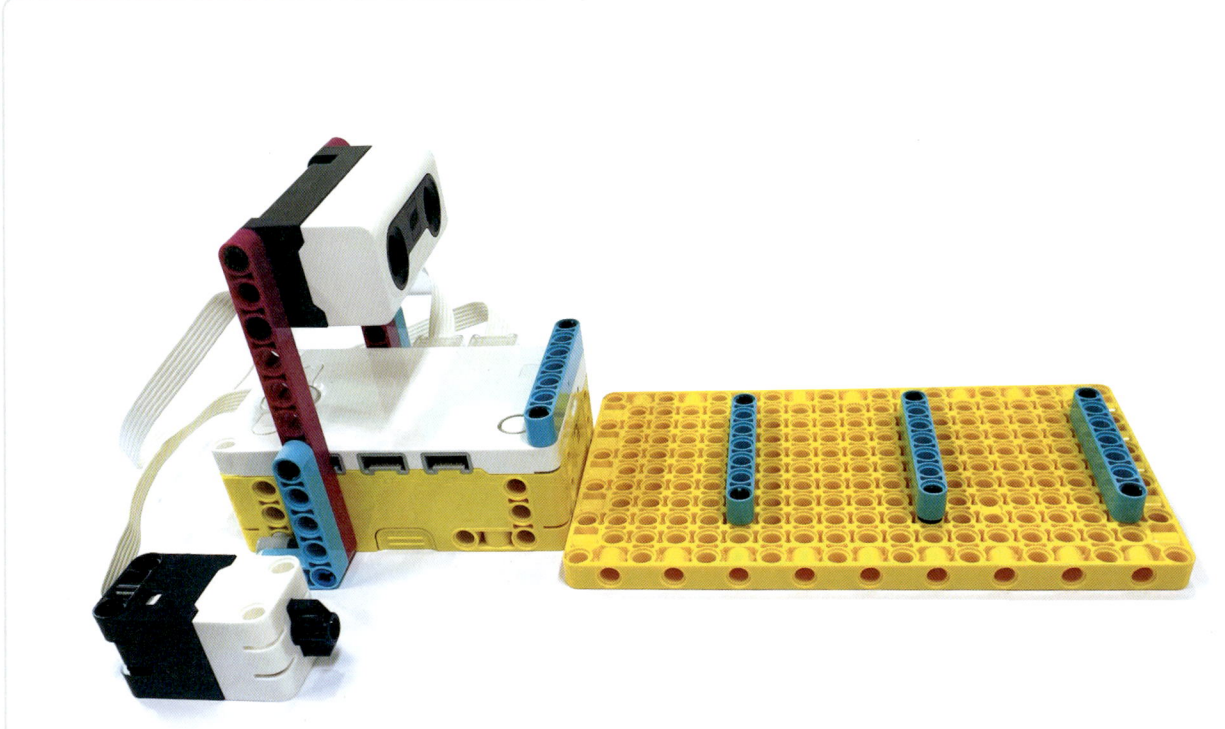

- 거리 센서 : C 포트
- 힘 센서 : A 포트

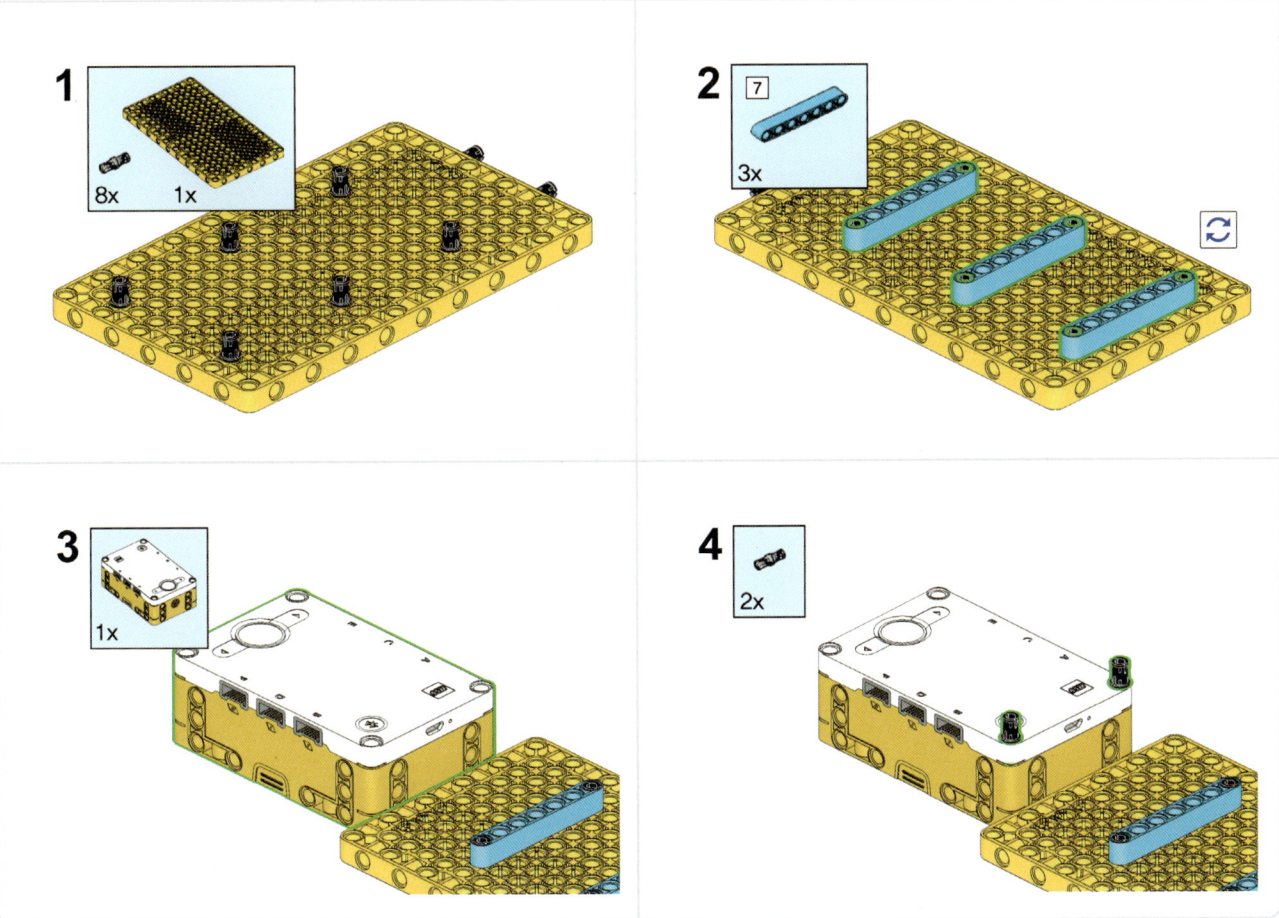

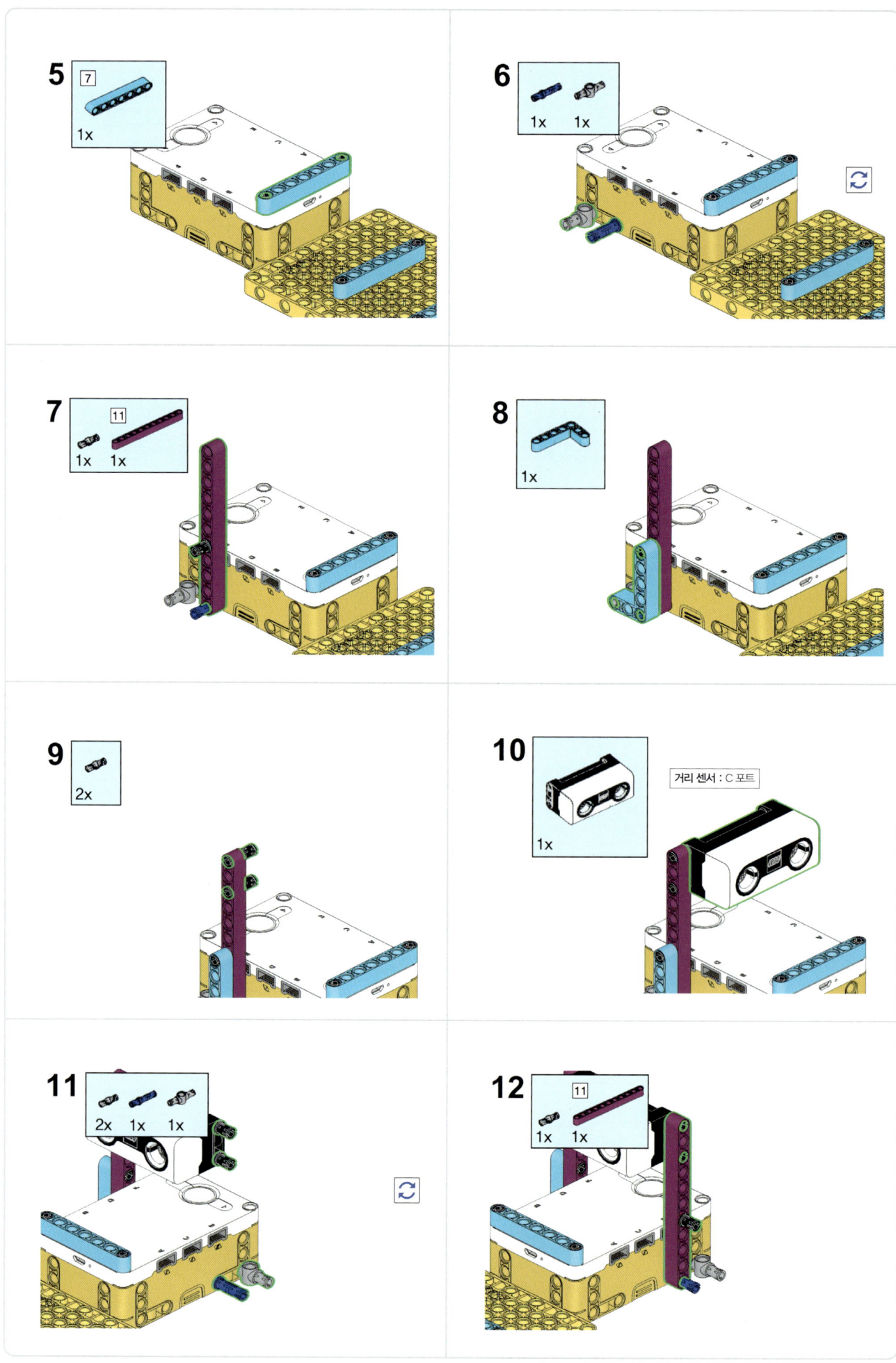

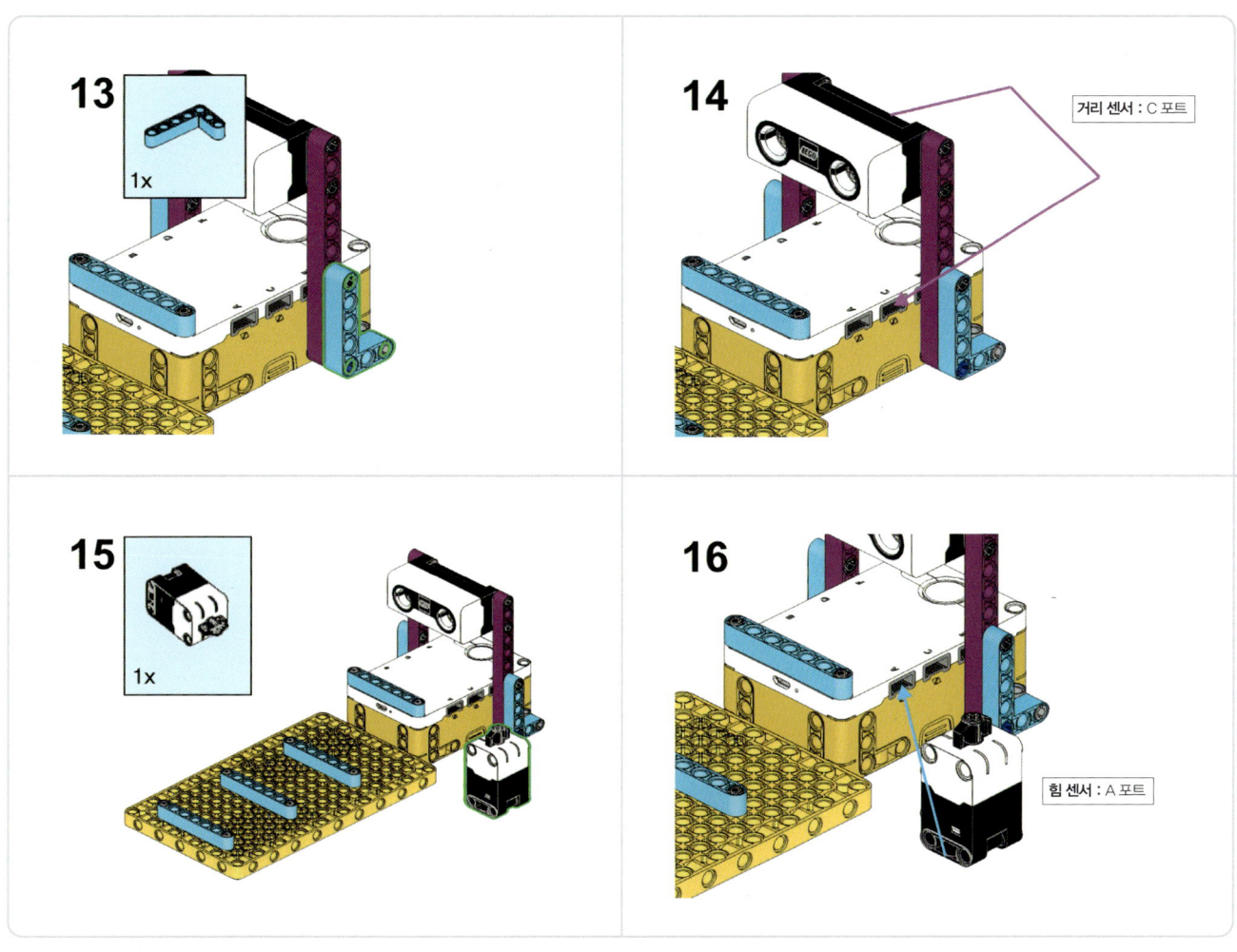

Memo

움직여 볼까요?

어떻게 코딩할까요?

- 손바닥(또는 넓은 면을 가진 판 또는 공책)을 움직인다.
- 거리 센서가 손바닥(물체)과 센서와의 거리를 인식한다.
- 거리에 따라 지정된 음의 소리를 낸다.

 오른쪽 그림과 같이 손바닥을 움직여 소리를 냅니다.

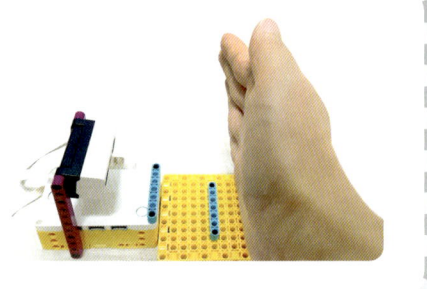

어떤 코딩 블록으로 만들까요?

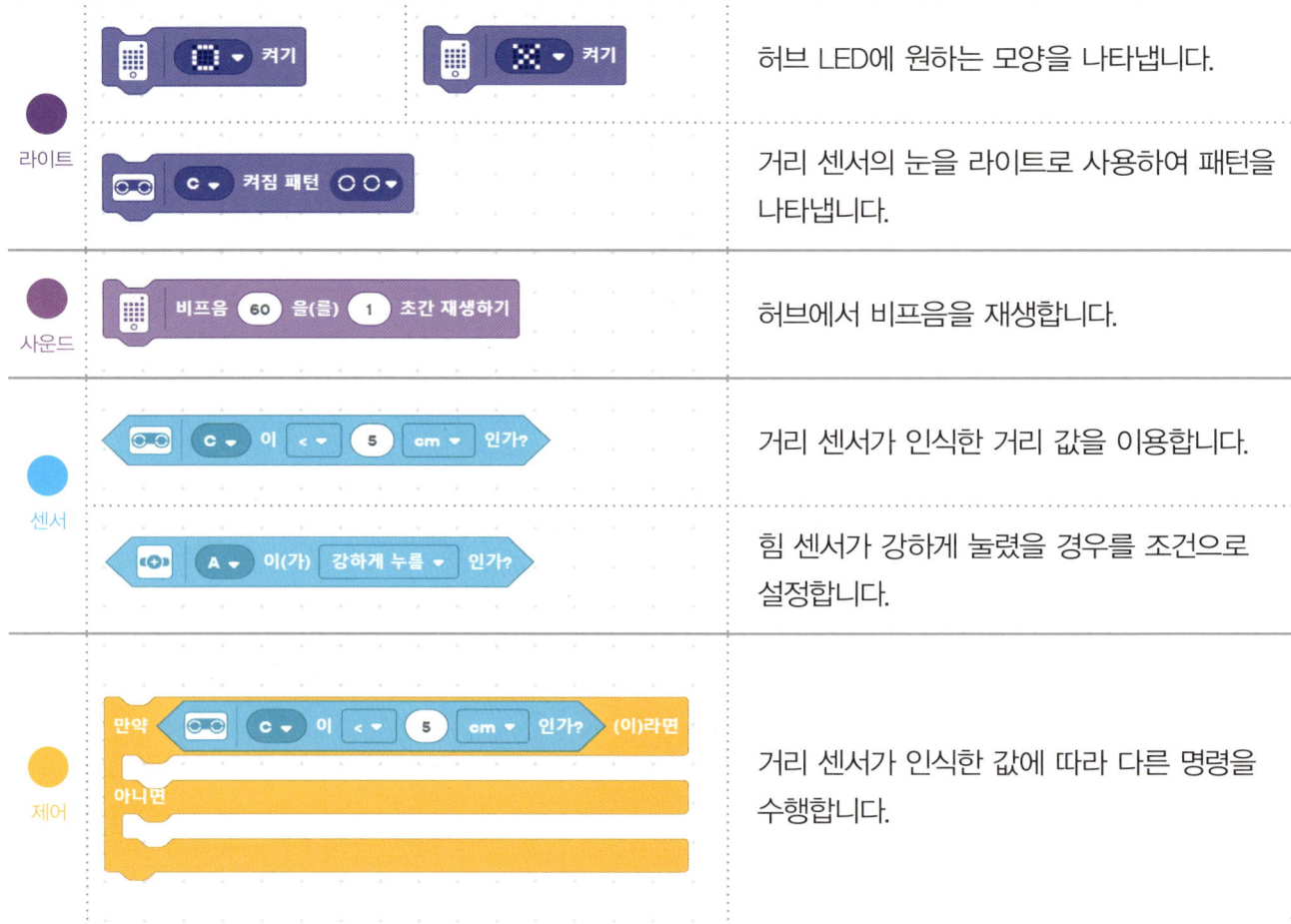

라이트	허브 LED에 원하는 모양을 나타냅니다.
	거리 센서의 눈을 라이트로 사용하여 패턴을 나타냅니다.
사운드	허브에서 비프음을 재생합니다.
센서	거리 센서가 인식한 거리 값을 이용합니다.
	힘 센서가 강하게 눌렸을 경우를 조건으로 설정합니다.
제어	거리 센서가 인식한 값에 따라 다른 명령을 수행합니다.

이렇게 코딩해요.

① 10cm 거리 안에 물체가 인식되면 LED에 'O'표시하고 비프음 울리기

② 5cm 간격에 따라 다른 비프음(도, 레, 미) 내기

③ 힘 센서를 누를 때에만 소리나게 하기

거리 센서 C가 인식한 거리가 어떤 범위에 속하고 **동시에 힘 센서인 A가 강하게 눌려있다면** 비프음 60(도)를 0.2초간 재생

도전해 볼까요?

Level ⭐ 확장 요소( )의 음악 추가 블록을 활용해 다른 악기로 소리를 바꾸어 연주해 볼 수 있나요?

Level ⭐⭐ 초능력 악기를 나만의 창의적인 모형으로 개성있게 바꿔 볼 수 있나요?

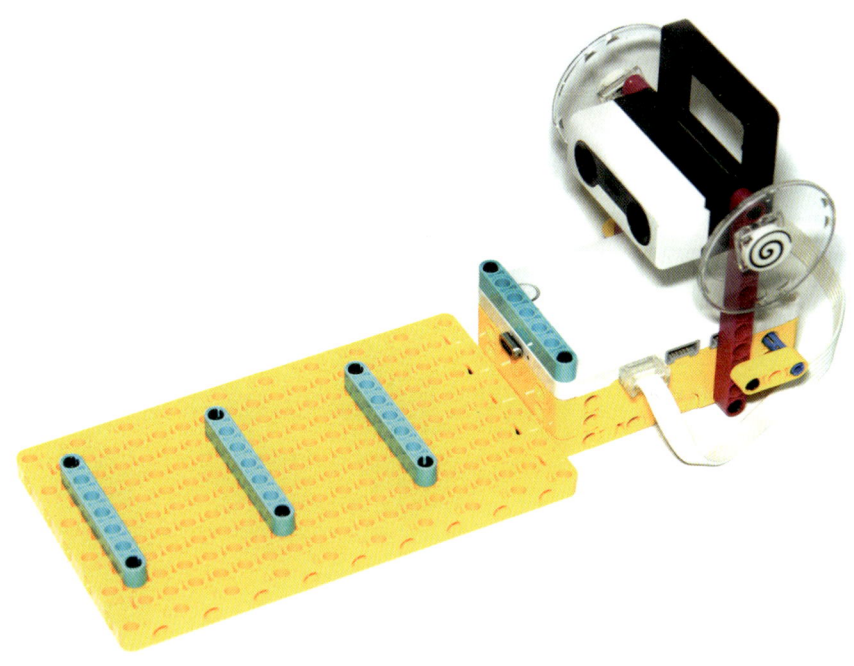

Level ⭐⭐⭐ 도레미파솔라시도 소리를 낼 수 있도록 악기를 바꿔 볼 수 있나요?

Activity ♥ 친구들을 위해 내가 좋아하는 노래을 연주해 볼까요?

Activity ♥♥ 두 개 이상의 로봇으로 협업하여 연주해 볼까요?

오늘은 몇 걸음 걸었나요? 신나게 흔들자!

주 제 운동량 측정기를 만들고 체력 놀이를 통해 운동량을 측정해 봅시다.
과 목 체육 4~6학년 다양한 운동을 통해 체력을 향상시켜 봅시다.

 이번 체육 시간에 무얼 만들까요?

여러분은 어떤 운동을 좋아하나요? 또 어떤 운동을 가장 많이 하나요?

운동을 시작할 때는 처음부터 격렬한 운동을 하기 보다는 몸에 무리가 가지 않는 가벼운 운동부터 시작하는 게 좋습니다.
오늘은 스파이크 프라임과 함께 가벼운 운동을 시작하러 떠나 볼까요?

오늘은 어떤 장치를 만들까요?

어떻게 움직이게 만들까요?

- 빔과 바퀴를 이용해 걸을 때마다 앞뒤로 흔들리는 추를 만들고, 허브 아래에 고정한다.
- 앞 뒤 반동에 의해 추가 흔들릴 때마다 힘 센서가 눌리도록 빔과 힘 센서를 배치한다.
- 바지에 끼울 수 있는 거치대를 만들어 로봇을 몸에 고정한다.

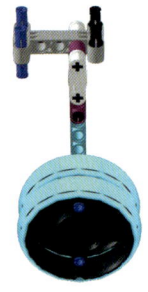 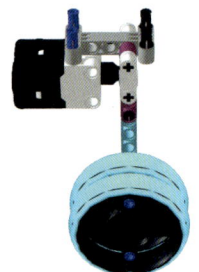 

어떤 부품이 필요할까요?

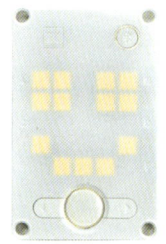 

레고® 테크닉 라지 허브   레고® 테크닉 힘 센서

 **허브** : LED에 원하는 모양이나 숫자를 표현할 수 있으며, 왼쪽 버튼, 오른쪽 버튼을 이용해 원하는 동작을 실행할 수 있습니다. 6축 가속도 센서가 내장되어 있어 흔들림이나 떨어짐, 두드림과 같은 약한 진동을 감지할 수 있습니다.

힘 센서 : 약하게 눌렀을 때와 강하게 눌렀을 때를 구별하여 코딩할 수 있습니다.

이렇게 만들어요.

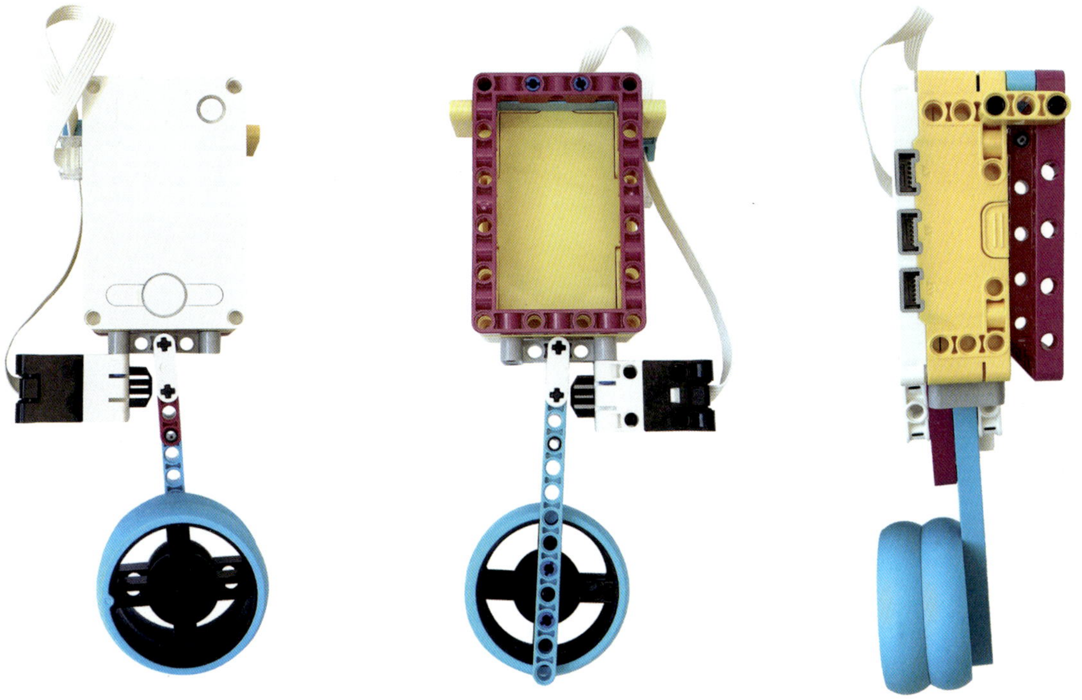

· 힘 센서 : A 포트

1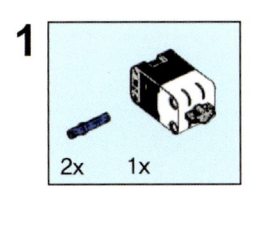

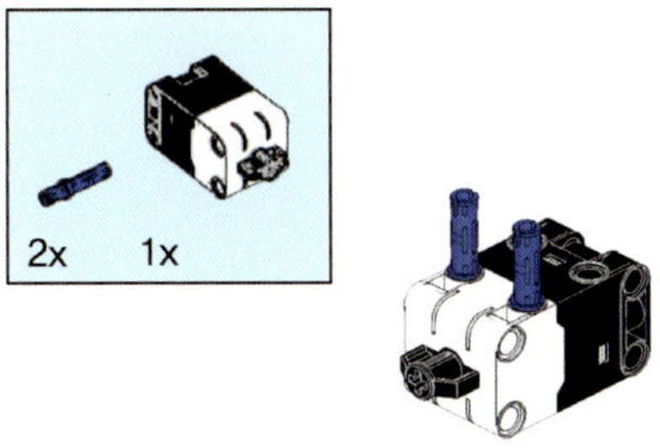

2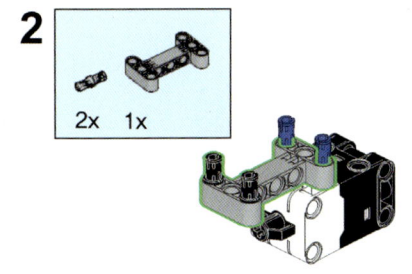

3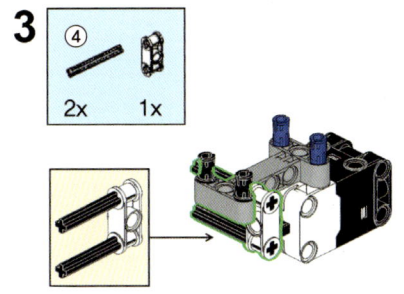

4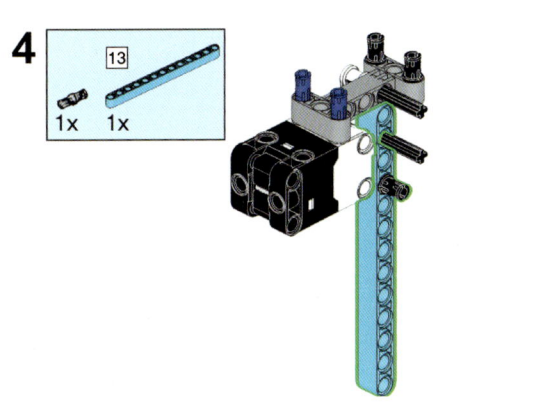

힘 센서 : A 포트

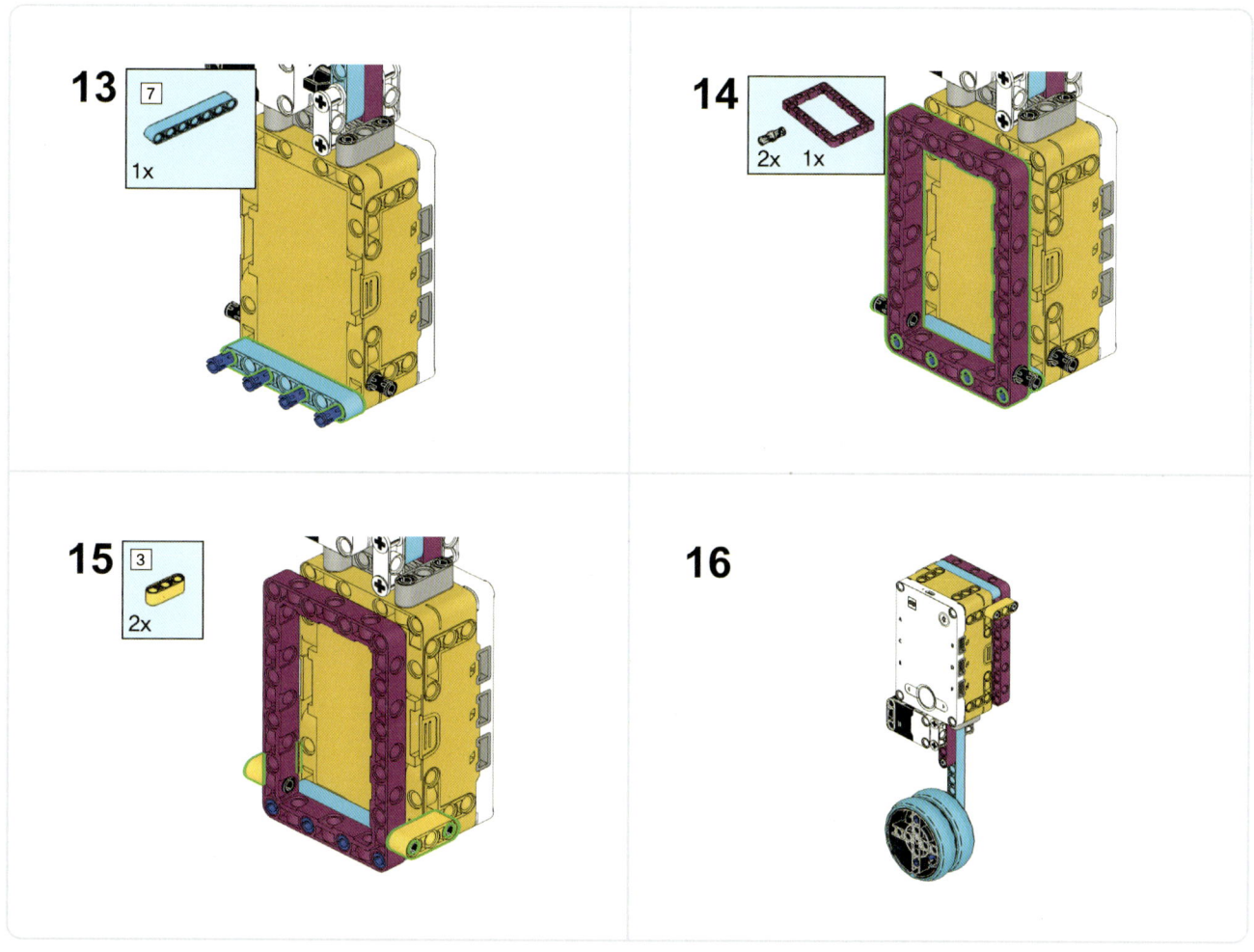

Memo

움직여 볼까요?

어떻게 코딩할까요?

- 변수를 만들어 힘 센서가 눌릴 때마다 값을 1씩 증가시킨다.
- 왼쪽 버튼을 누르면 측정된 변숫값을 허브에 표시 하고, 오른쪽 버튼을 누르면 초기화한다.
- 변숫값이 목표한 숫자에 도달하면 알림 비프음을 울린다.

어떤 코딩 블록으로 만들까요?

라이트	[💠 켜기] [😀 켜기]	허브 LED에 원하는 모양을 나타냅니다.
라이트	[COUNT 쓰기]	허브 LED에 변숫값을 나타냅니다.
변수	[COUNT 을(를) 0 로 정하기]	걸음 수를 기록할 COUNT 변수를 만들어 0으로 정합니다.
사운드	[비프음 60 을(를) 1 초간 재생하기]	허브에서 비프음을 재생합니다.
센서	[A 이(가) 누름 인가?]	힘 센서가 눌린 상태를 판단합니다.
센서	[왼쪽 버튼이 누름 인가?] [오른쪽 버튼이 누름 인가?]	허브의 왼쪽 버튼, 오른쪽 버튼이 눌렸는지 판단합니다.
제어	[만약 A 이(가) 누름 인가? (이)라면]	센서 판단 결과에 따라 명령을 수행합니다.
제어	[만약 COUNT = 100 (이)라면]	변수가 정해진 값이 되면 명령을 수행합니다.

이렇게 코딩해요.

① 걸을 때마다(힘 센서가 눌릴 때마다) 비프음이 나게 하기

- ← 하트 모양을 허브 LED에 나타내기
- ← 센서가 계속 작동하도록 무한 반복문 사용
- ← 힘 센서가 눌리면 비프음 '도'를 재생

② 왼쪽 버튼을 누르면 횟수 출력, 오른쪽 버튼을 누르면 횟수 초기화하기

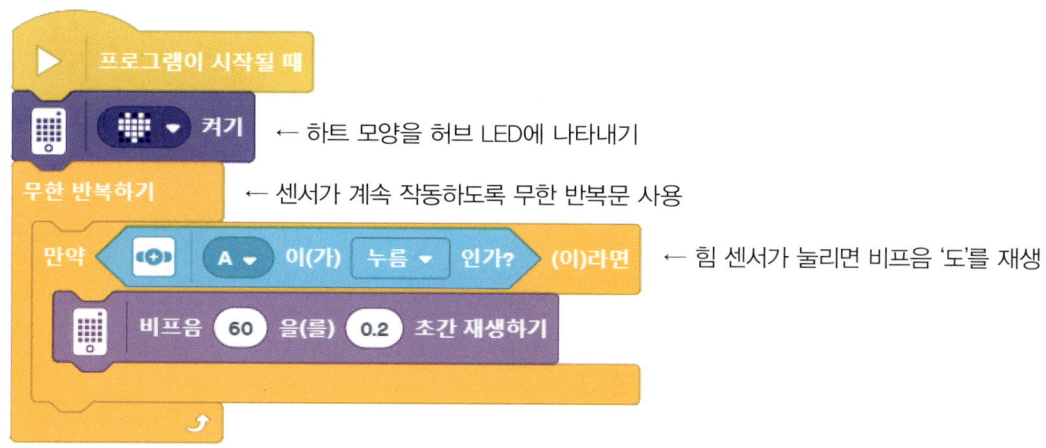

- ← 횟수를 기록할 변수 'COUNT' 만들고 0으로 설정
- ← 초기 값 '0'을 허브 LED에 표시
- ← 힘 센서가 눌리면 비프음을 재생하고 COUNT 값을 1 증가시킴
- ← 허브의 왼쪽 버튼을 누르면 지금까지 기록된 횟수를 허브 LED에 표기
- ← 허브의 오른쪽 버튼을 누르면 COUNT 변수를 0으로 바꾸어 초기화
- ← 초기화된 값을 허브 LED에 표기

Q. 왼쪽 버튼을 누를 때에만 LED에 COUNT 값이 나오도록 코딩한 이유는 무엇일까요? 만약 힘 센서 A가 눌릴 때마다 LED에 COUNT 값을 표시하면 어떤 문제가 발생할까요?

③ 목표 횟수(100회)에 도달하면 알림 비프음 울리고 모두 멈추기

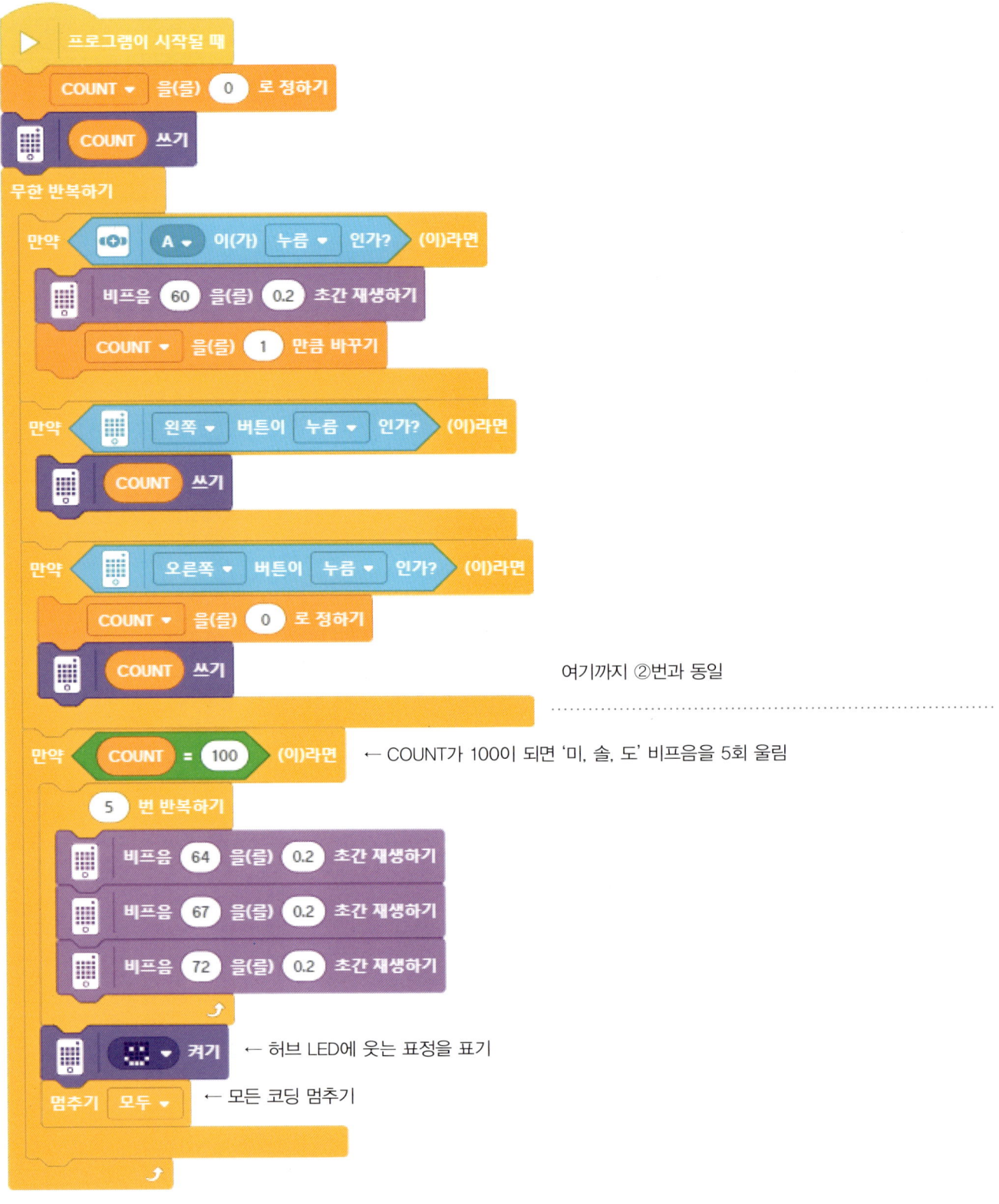

 도전해 볼까요?

Level ⭐ 교실 앞문에서 뒷문까지 몇 걸음인지 측정할 수 있나요?

Level ⭐⭐ 걸음 수를 정확하게 표시할 수 있도록 로봇 및 코딩을 바꿀 수 있나요?

Level ⭐⭐⭐ 스마트 허브 내 6축 가속도를 이용해 걸음 수를 측정할 수 있도록 로봇 및 코딩을 바꿀 수 있나요?

Activity ❤️ 정해진 시간에 누가 가장 많은 횟수를 기록하는지 '온몸 흔들기' 학급 대회를 열어 볼까요?

Activity ❤️❤️ '100걸음 맞추기' 학급 대회를 열어 볼까요?

난 너의 운명! 오늘부터 시작!

주 제 동작을 인식하는 헬스 트레이너 로봇을 만들고 윗몸 말아 올리기 운동을 해봅시다.
과 목 체육 4~6학년 운동을 통해 건강 체력을 길러 봅시다.

▶ 이번 체육 시간에 무얼 만들까요?

여러분은 건강 체력 평가(PAPS)에 대해 들어 보았나요?
건강 체력 평가는 4학년부터 6학년 학생을 대상으로 심폐지구력, 유연성, 근력·근지구력, 순발력, 체지방을 측정하는 평가입니다.

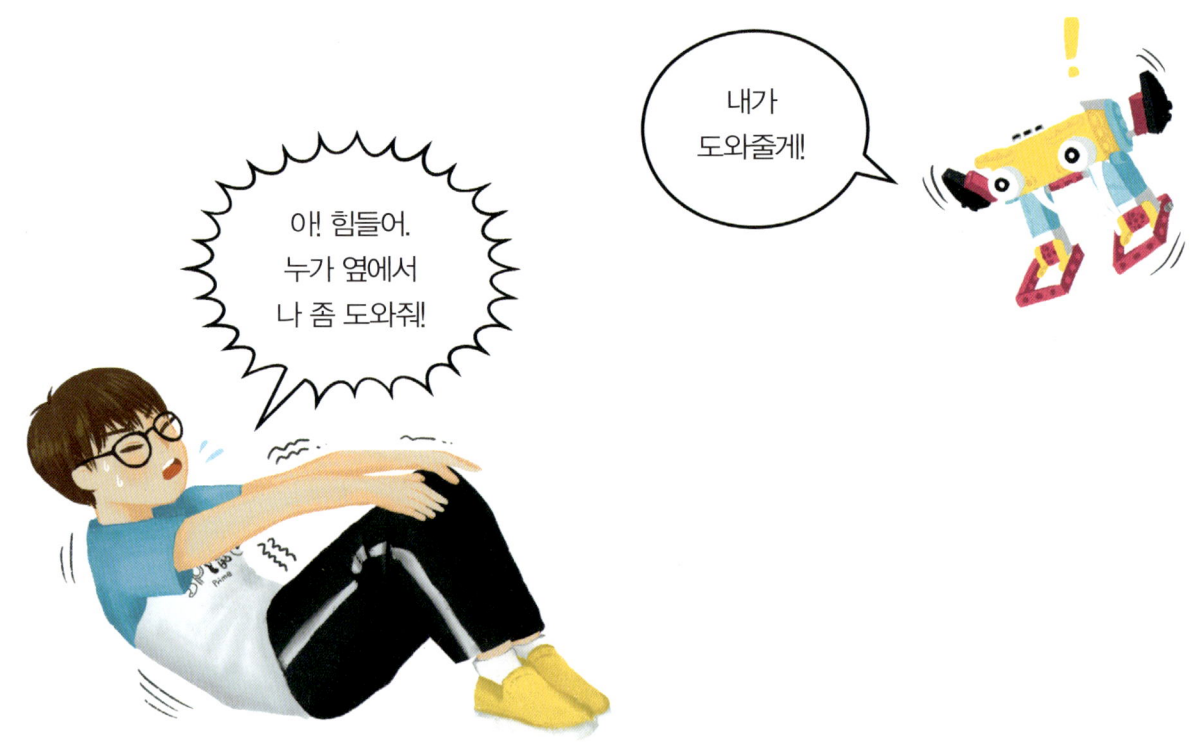

운동은 힘들지만 건강을 위해서, 행복한 생활을 위해서 꼭 해야 합니다.
운동을 좀 더 재미있게, 효과적으로 하려면 어떻게 해야 할까요?
만약 내 옆에서 나를 도와주는 개인 트레이너가 있다면 어떨까요?
오늘은 운동을 도와주는 스파이크 프라임 헬스 트레이너 로봇을 만들어 봅시다.

오늘은 어떤 장치를 만들까요?

어떻게 움직이게 만들까요?

- 로봇이 윗몸 말아 올리기 동작을 할 수 있도록 허브를 상체로, 미디엄 모터 두 개를 하체로 구성한다.

- 상체(허브)와 하체(모터)를 허리 관절과 같이 굽혔다 펼 수 있도록 연결한다.

- 거리 센서가 빠른 거리 감지 영역(5~30cm)에서 동작을 인식할 수 있도록 센서를 운동하는 사람 가까이에 배치한다.

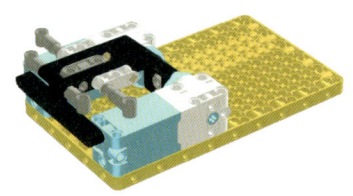
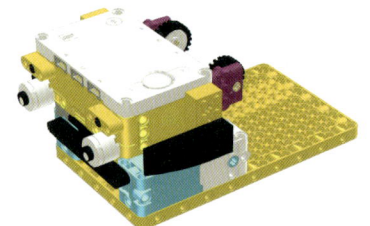
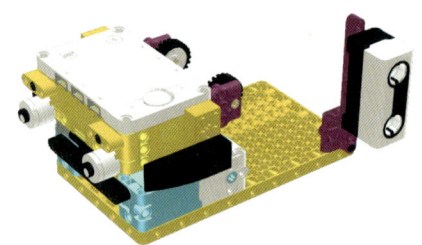

어떤 부품이 필요할까요?

레고® 테크닉 라지 허브

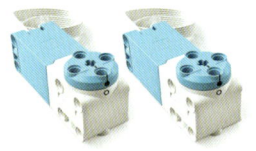

레고® 테크닉 미디엄 앵글 모터 2개

레고® 테크닉 거리 센서

허브 : LED에 원하는 모양이나 숫자를 표현할 수 있으며, 왼쪽 버튼, 오른쪽 버튼을 이용해 원하는 동작을 실행할 수 있습니다.

거리 센서 : 5cm~2m의 거리를 감지할 수 있으며 5~30cm의 거리를 빠르게 인식합니다.

미디엄 모터 : 속도, 각도, 회전 방향 등을 지정하여 움직일 수 있습니다.

이렇게 만들어요.

- 미디엄 모터 : B, D 포트
- 거리 센서 : F 포트

1 10x 1x

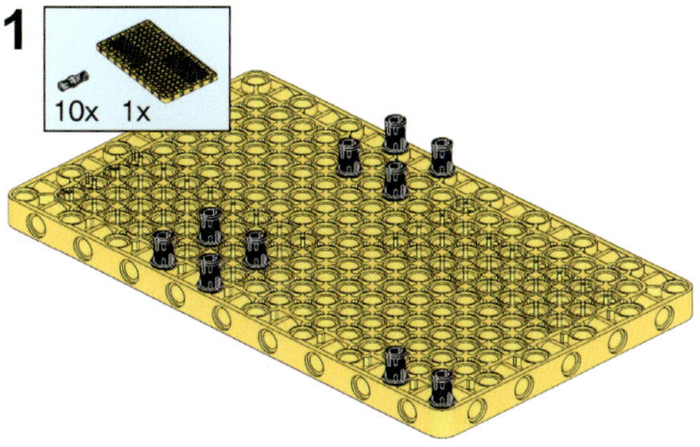

2 ⑨ 1x 1x 9

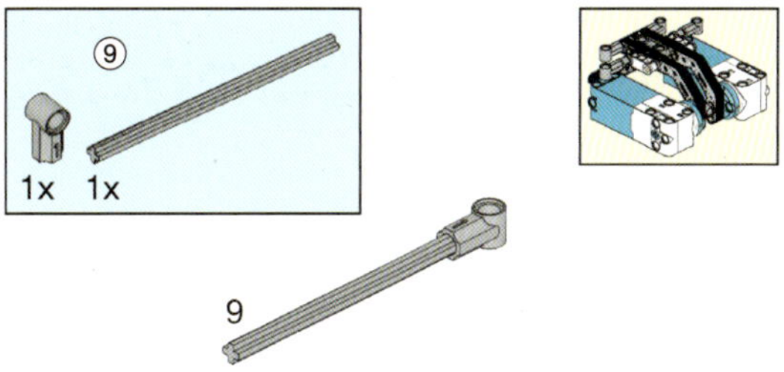

3 1x

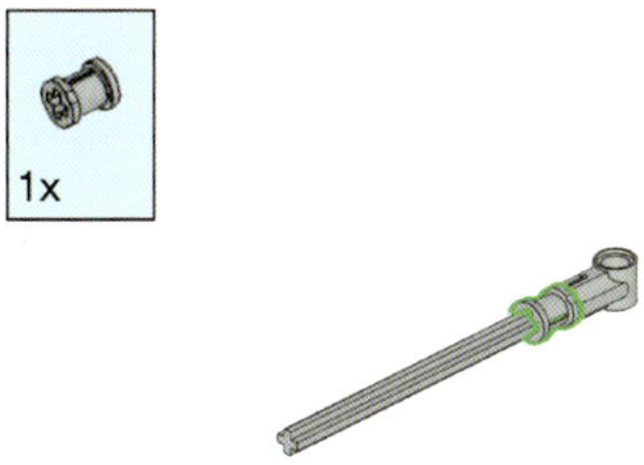

4 1x 1x

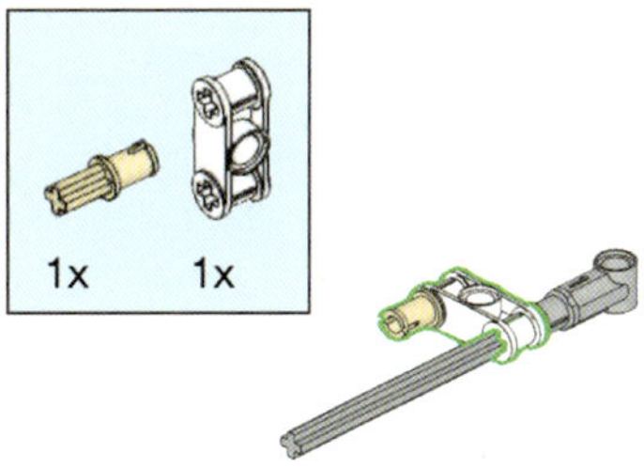

5

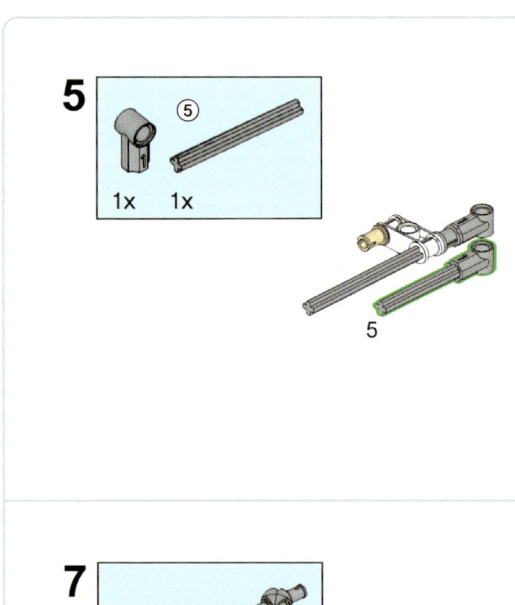

6

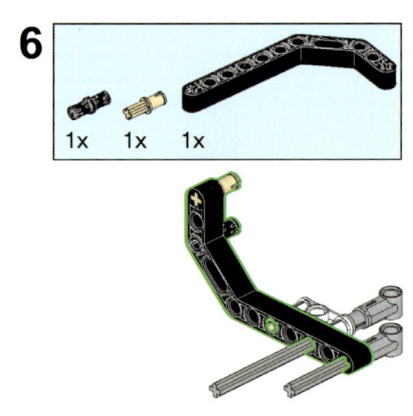

7

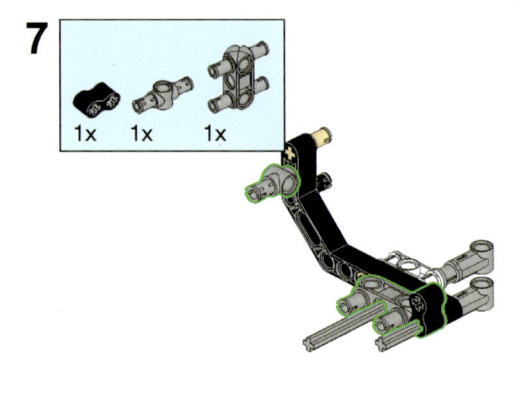

8

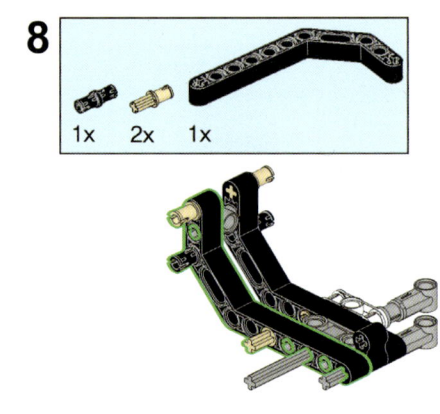

9

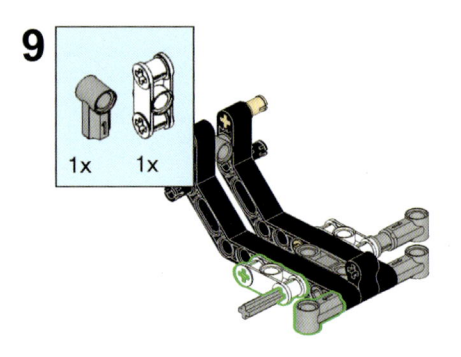

10

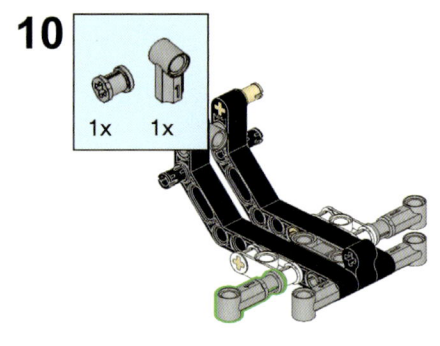

11

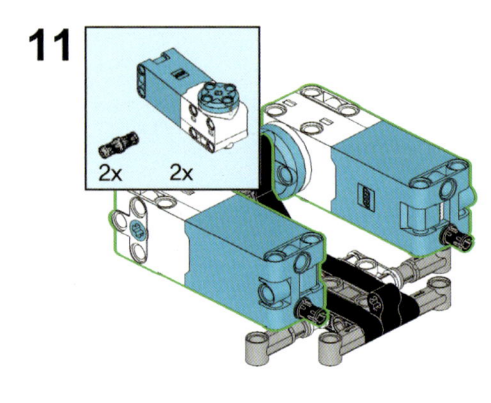

12

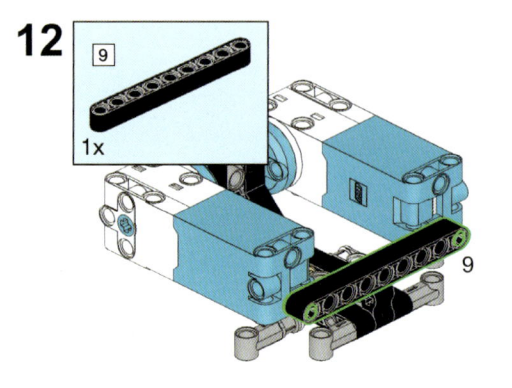

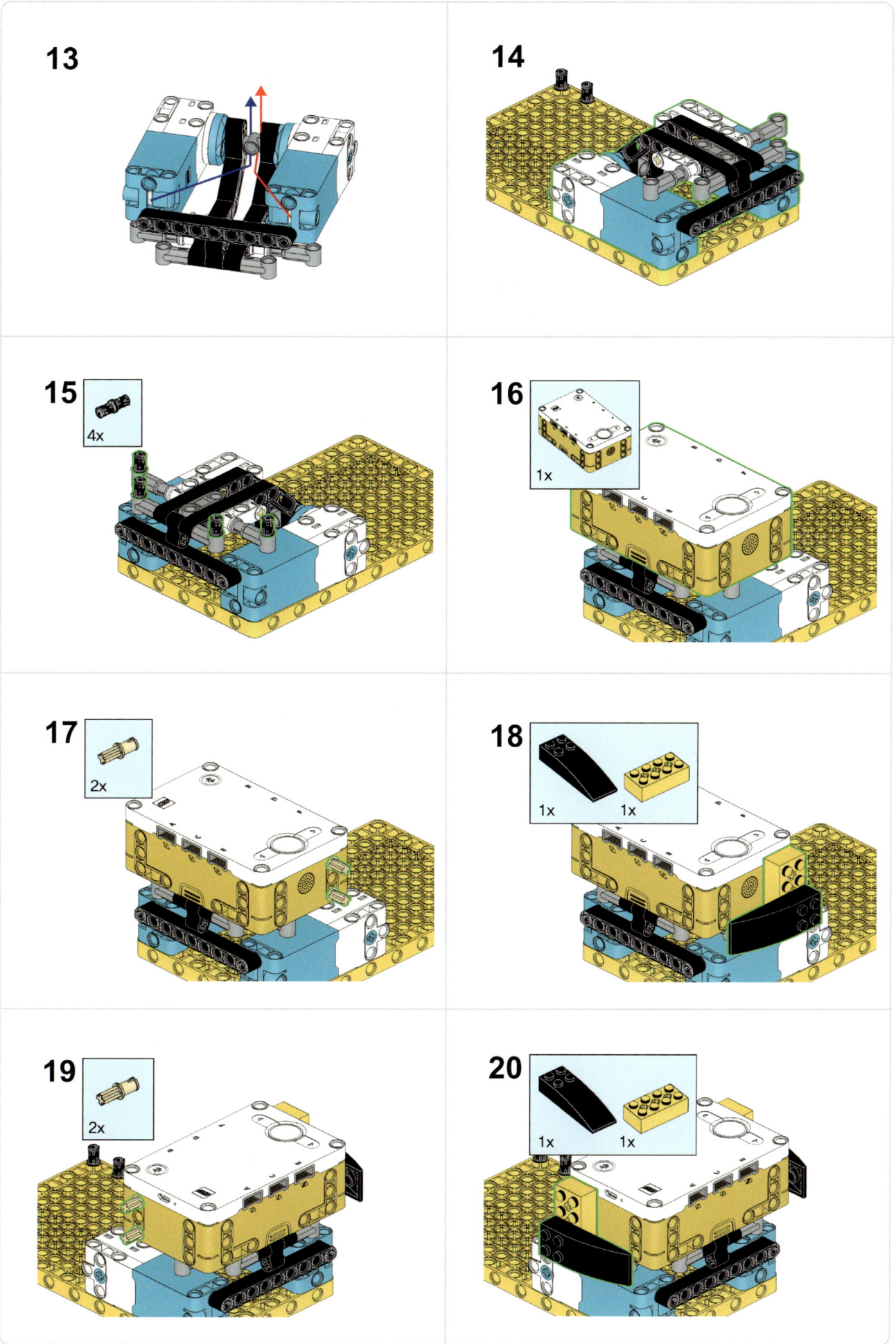

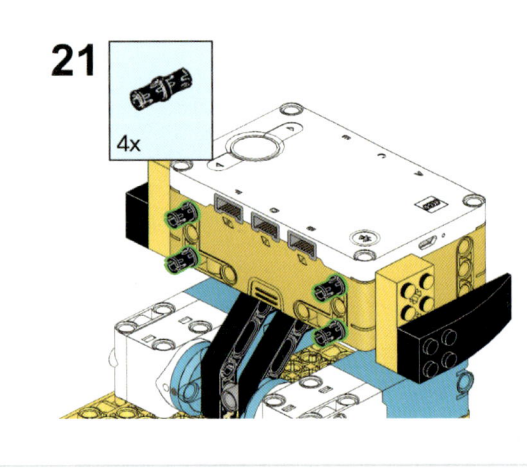
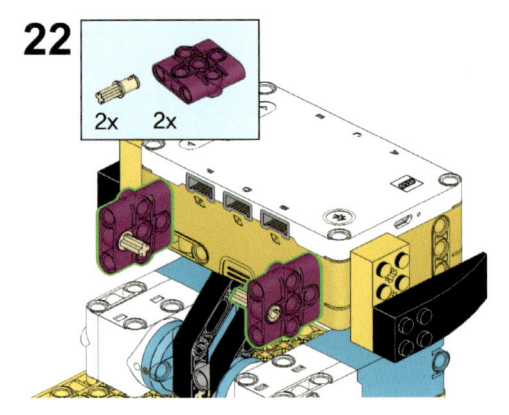
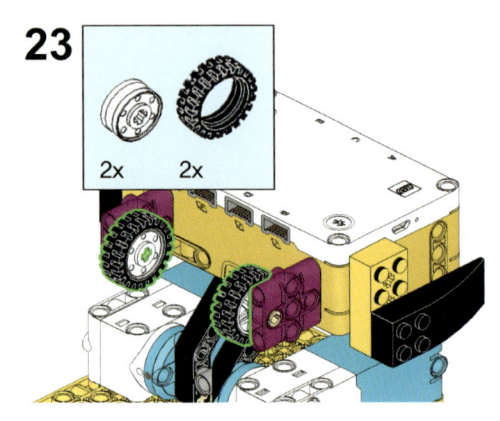
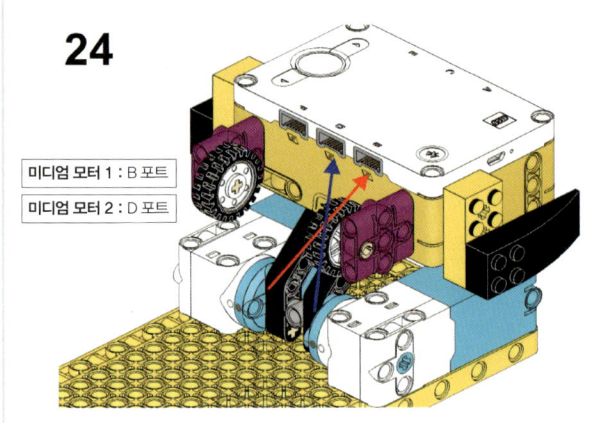

미디엄 모터 1 : B 포트
미디엄 모터 2 : D 포트

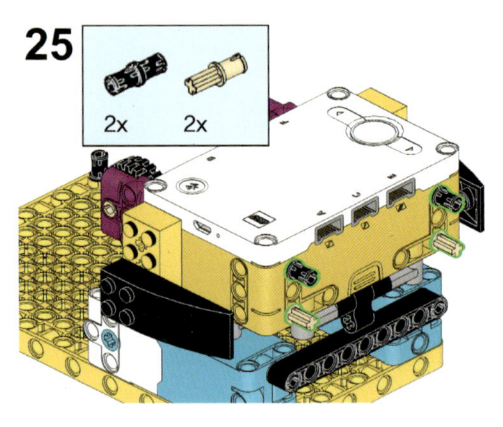
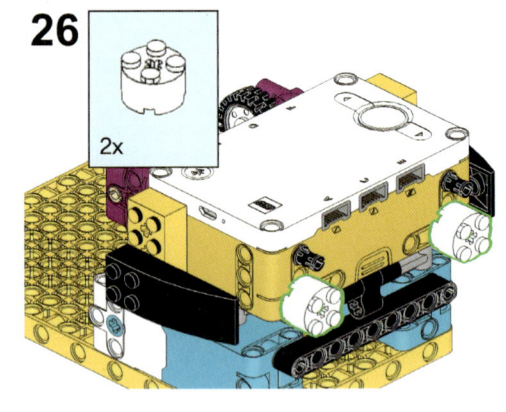
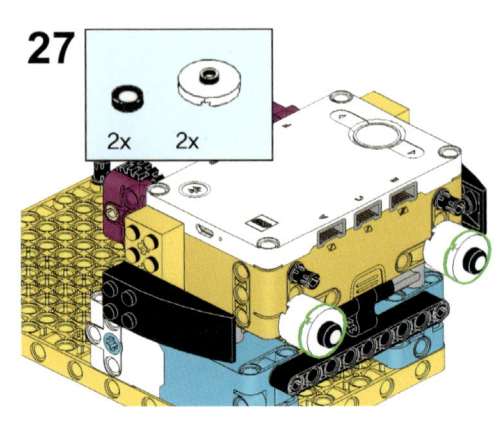
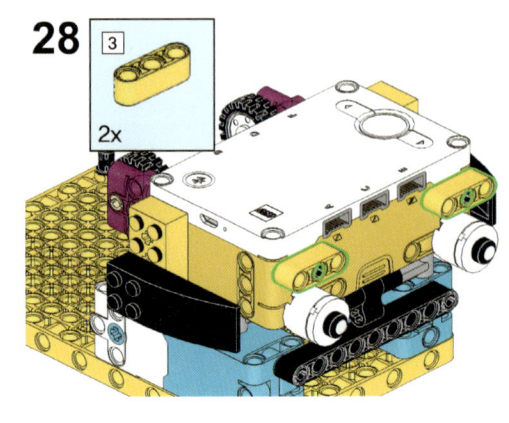

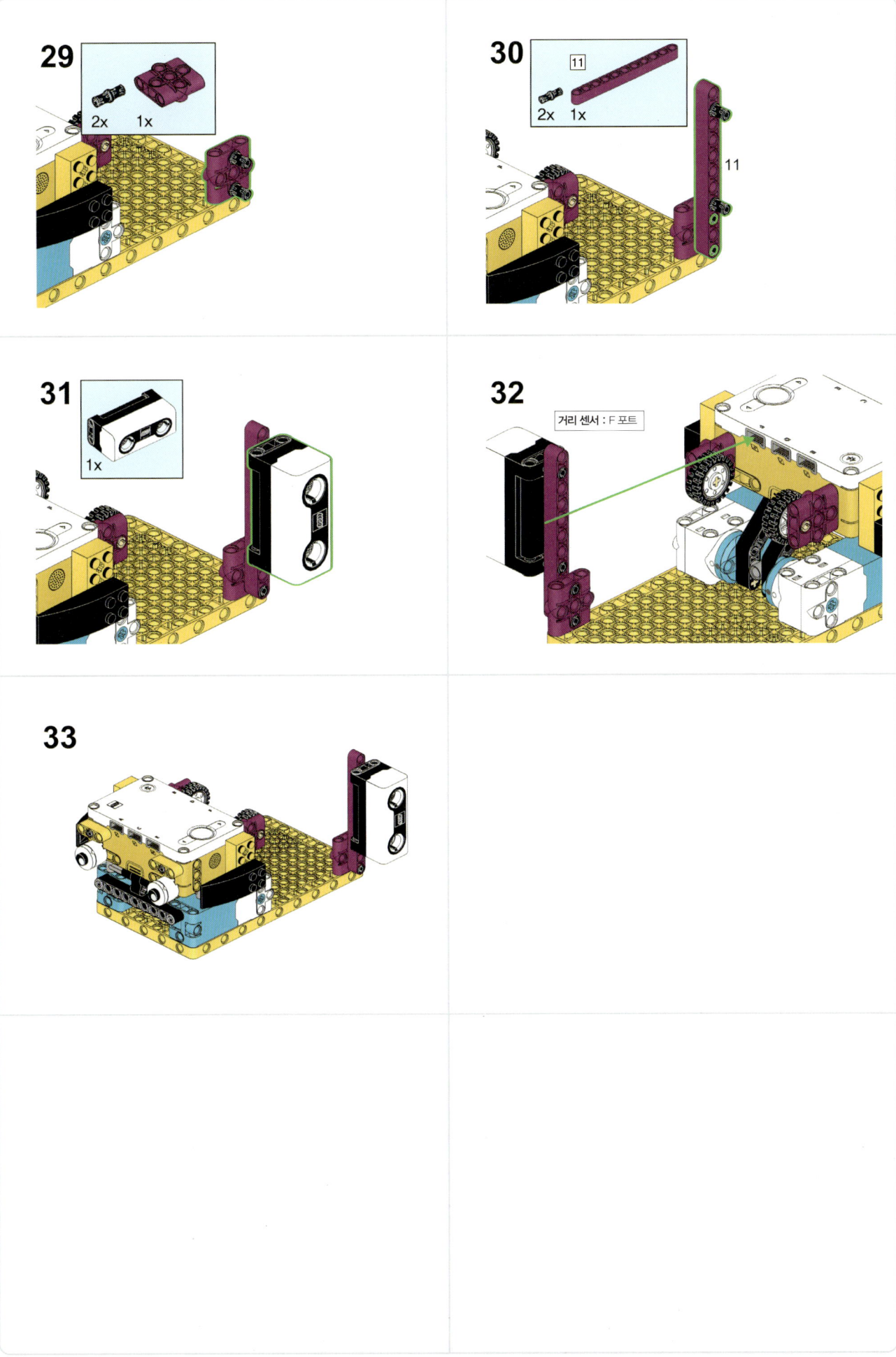

움직여 볼까요?

어떻게 코딩할까요?

- 마주보고 있는 두 개의 모터가 같은 방향으로 움직이도록 한 개는 + 속도로, 다른 한 개는 – 속도로 지정한다.
- 거리 센서 50cm 안에 물체가 있으면 로봇이 눕고, 50cm 밖이면 일어나도록 한다.
- 허브가 일어나는 동작을 할 때마다 실시 횟수를 1개씩 늘리고 왼쪽 버튼을 누르면 LED에 표기한다.

어떤 코딩 블록으로 만들까요?

이렇게 코딩해요.

① 윗몸 말아 올리기 동작 3회 실시하기

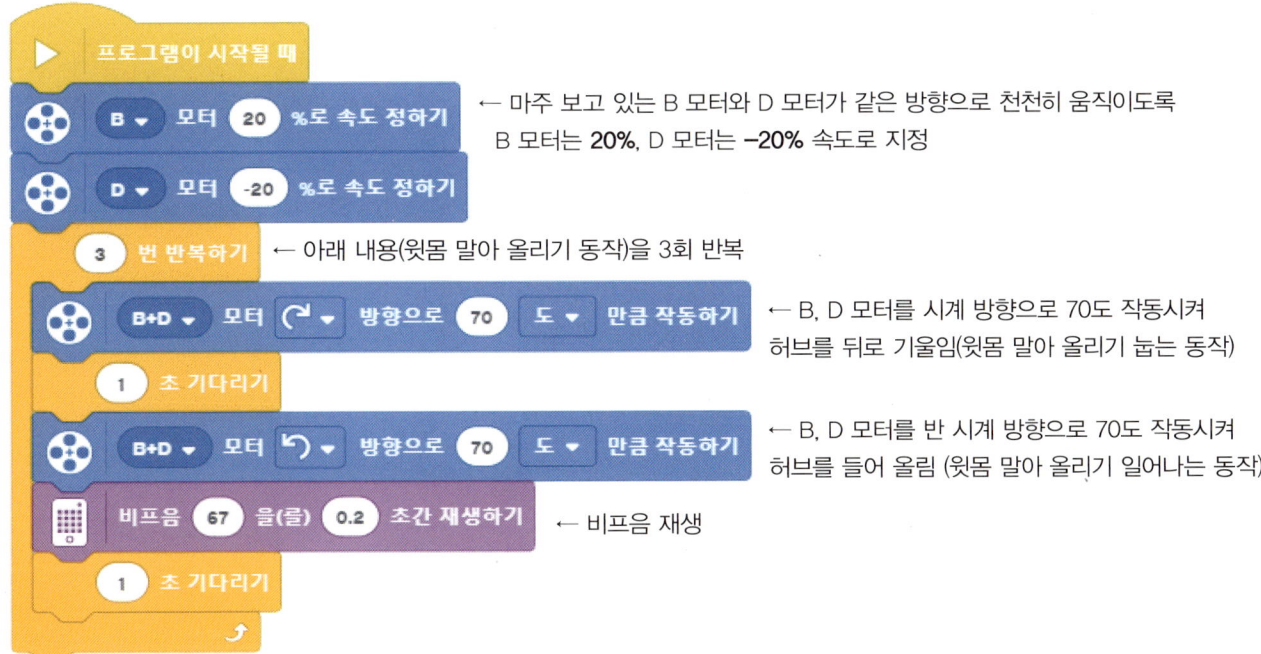

② 윗몸 말아 올리기 3회 실시 후 왼쪽 버튼을 누르면 실시 횟수 표시하기

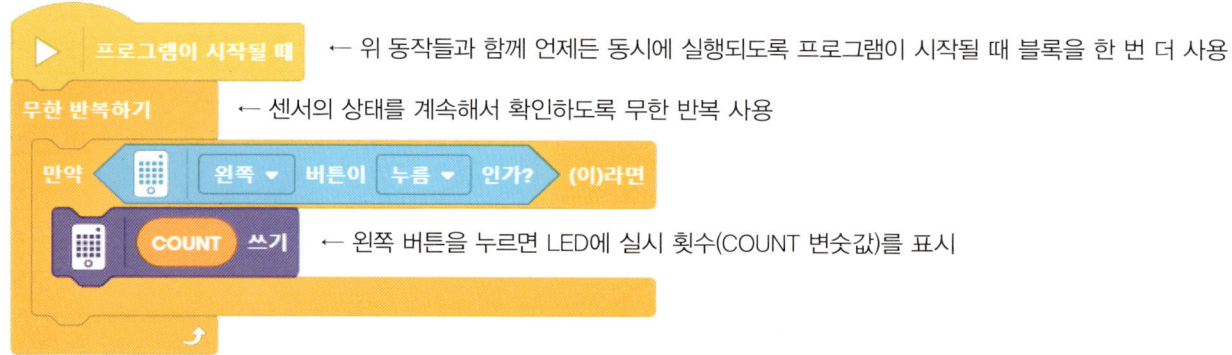

③ 내 윗몸 말아 올리기 움직임을 따라하는 트레이너 로봇 코딩하기

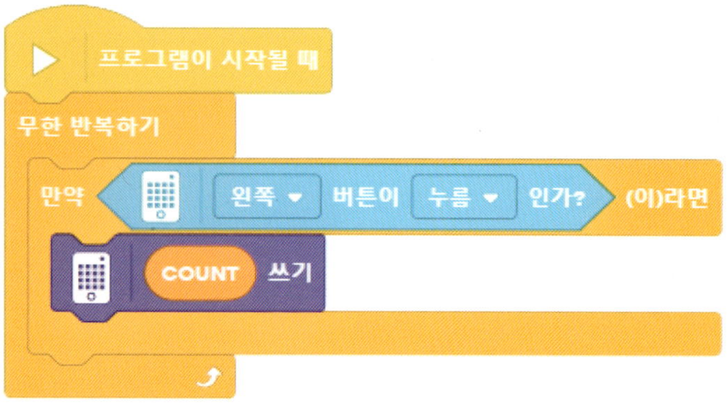

 도전해 볼까요?

Level ⭐ 트레이너 로봇이 나의 움직임을 잘 인식할 수 있도록 거리 센서 위치 등을 바꿔 볼 수 있나요?

Level ⭐⭐ 운동의 시작을 알리는 3, 2, 1 카운트다운 LED 및 비프음이 나오도록 코딩을 바꿔 볼 수 있나요?

Level ⭐⭐⭐ 운동 후 소모된 칼로리를 계산해 LED로 볼 수 있도록 코딩을 바꿔 볼 수 있나요?

💡 5회당 3칼로리면 소모한 칼로리는 어떻게 계산할 수 있을까요?

소모 칼로리 = $COUNT \times \dfrac{3}{5}$

Activity ❤ 트레이너 로봇과 함께 윗몸 말아 올리기 학급 대회를 열어 볼까요?

즐거운(?) 발표 시간 조심해! 폭탄이 터진다

주 제 시간 알리미를 이용하여 토의·토론·발표 수업에 활용해 봅시다.

과 목 국어 5학년 1학기 6단원 토의하여 해결해요.
국어 5학년 2학기 3단원 의견을 조정하며 토의해요. 6단원 타당성을 생각하며 토론해요.
국어 6학년 2학기 4단원 효과적으로 발표해요. 5단원 글에 담긴 생각과 비교해요.

▶ 이번 국어 시간에 무얼 만들까요?

여러분은 다른 사람 앞에서 이야기하는 것을 좋아하나요?

앞에 나가면 하고 싶은 말이 너무 많아서 시간이 부족한가요? 아니면 너무 떨려서 말이 안 나오나요?

오늘은 발표 시간을 좀 더 즐겁고 재미있게 만들 수 있는 폭탄 시계 로봇을 만들어 발표 시간, 토론 시간에는 타이머로, 퀴즈나 게임 시간에는 폭탄 돌리기 도구로 활용해 봅시다.

오늘은 어떤 장치를 만들까요?

어떻게 움직이게 만들까요?

- 휴대가 편리하고 안정적으로 세울 수 있도록 사각형 모양 브릭에 허브를 고정한다.
- 허브 상단에 라지 모터와 거리 센서를 고정하되 시계의 초침처럼 회전할 수 있도록, 라지 모터에 빔을 고정한다.
- 힘 센서를 허브와 바닥 브릭 사이에 쉽게 누를 수 있는 위치에 고정한다.

 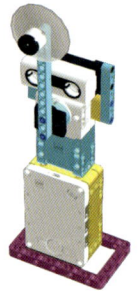 

어떤 부품이 필요할까요?

 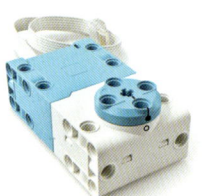 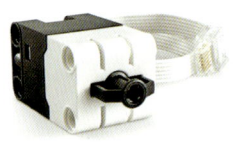 

레고® 테크닉 라지 허브   레고® 테크닉 라지 앵글 모터   레고® 테크닉 힘 센서   레고® 테크닉 거리 센서

 **허브** : LED에 원하는 모양이나 숫자를 표현할 수 있으며 코딩을 통해 자체적으로 5옥타브의 비프음을 낼 수 있습니다.

라지 모터 : 속도, 각도, 회전 방향 등을 지정하여 움직일 수 있습니다.

힘 센서 : 약하게 눌렀을 때와 강하게 눌렀을 때를 구별하여 코딩할 수 있습니다.

거리 센서 : 눈 모양 주변에서 빛을 낼 수 있어 패턴을 만들어 빛을 내거나 눈처럼 깜박이는 모양을 표현할 수 있습니다.

이렇게 만들어요.

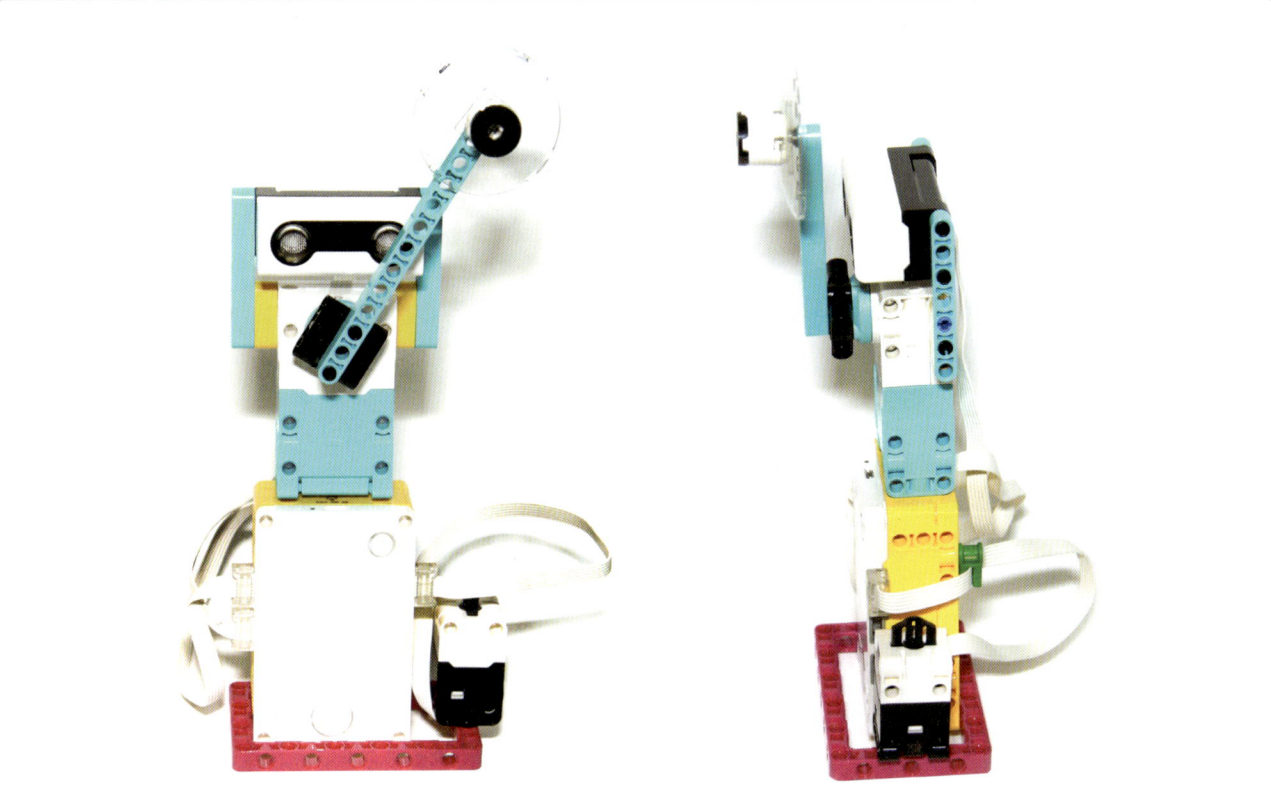

- 힘 센서 : A 포트
- 거리 센서 : C 포트
- 라지 모터 : B 포트

1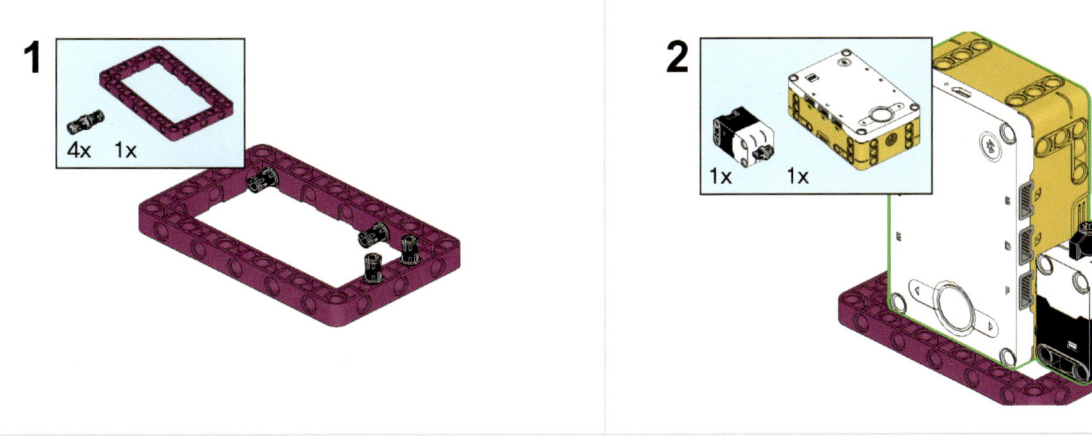

2

3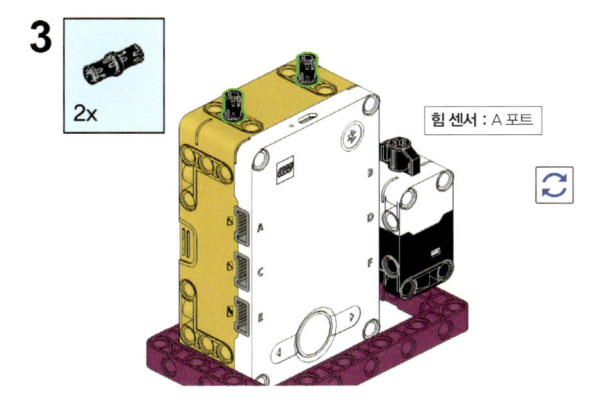

힘 센서 : A 포트

4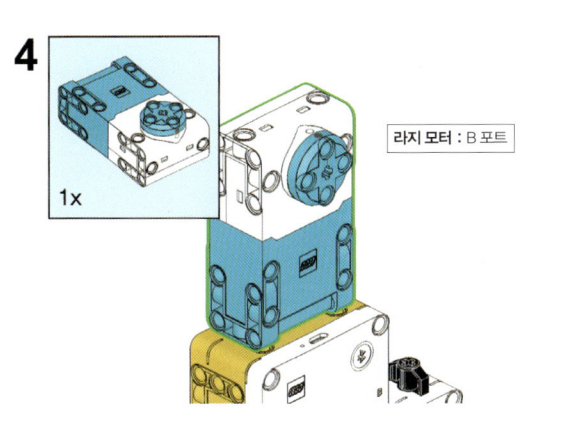

라지 모터 : B 포트

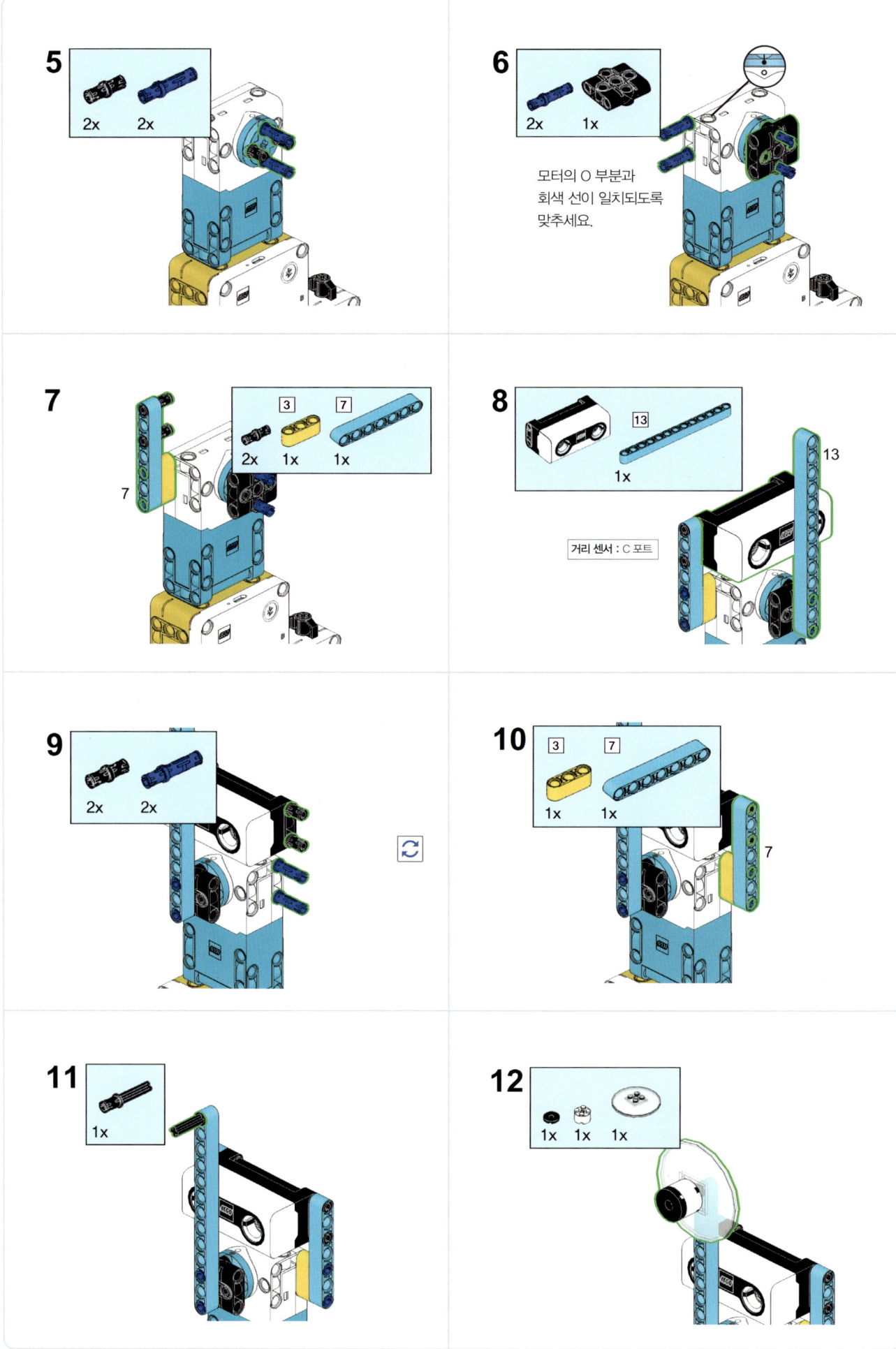

13

Memo

움직여 볼까요?

어떻게 코딩할까요?

- LED에서 1초에 한 번씩 하트가 깜박이며, 60초가 지나면 경고음을 울린다.
- 60초 동안 빔이 원을 그리며 회전하여 초침을 표현한다.
- 제한 시간 끝나기 10초 전부터 거리 센서 라이트와 LED 하트가 빠르게 깜박여서 시간이 끝나감을 표시한다.

어떤 코딩 블록으로 만들까요?

64

이렇게 코딩해요.

① 시작하면 하트를 깜박이고 1분이 되면 멈춘 후 경고음 울리기

② 힘 센서를 누르면 시작, 초침이 1분간 한 바퀴를 돈 후 경고음 울리기

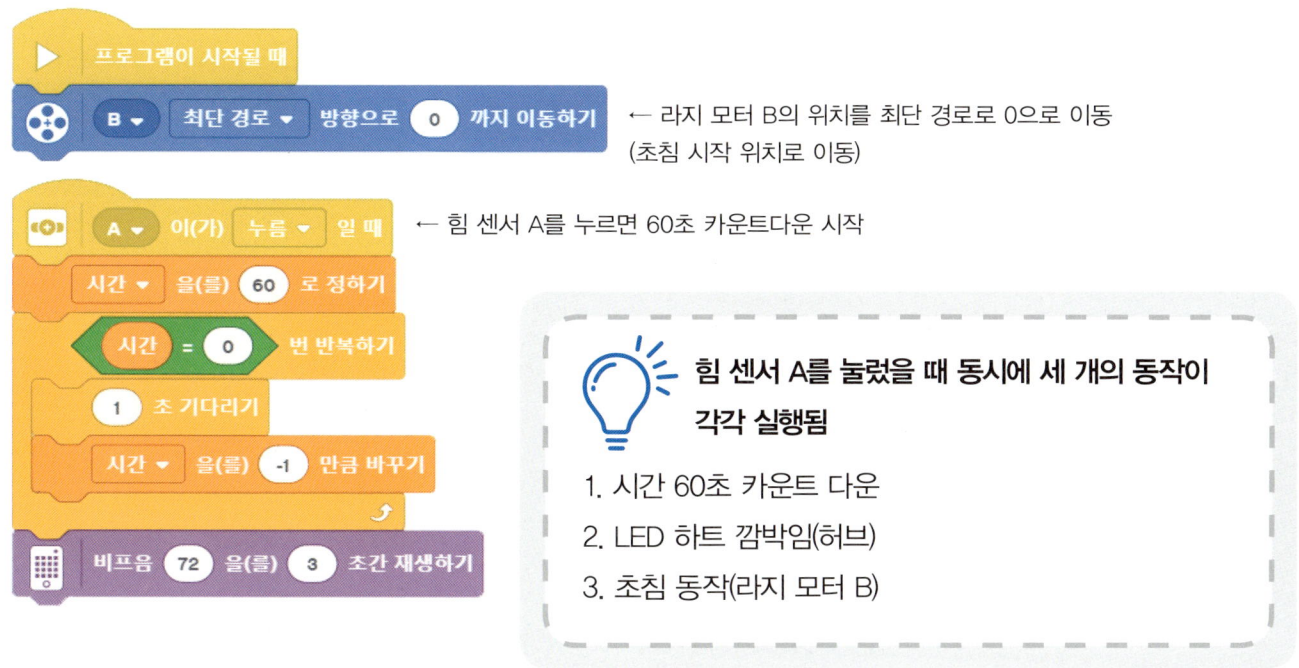

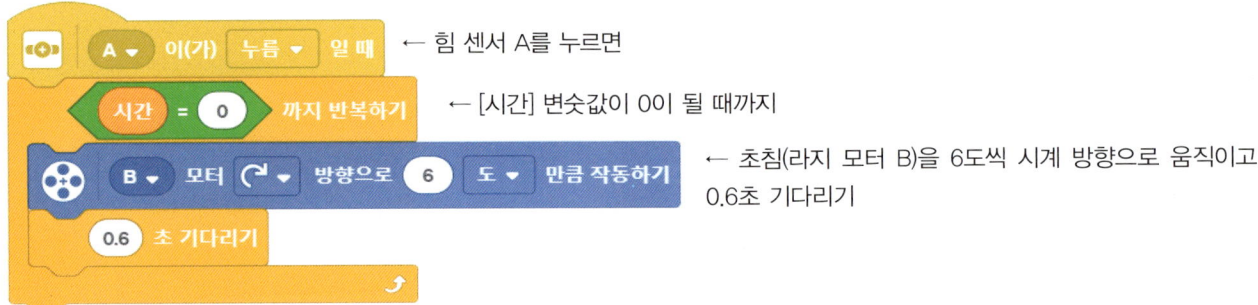

← 힘 센서 A를 누르면

← [시간] 변숫값이 0이 될 때까지

← 초침(라지 모터 B)을 6도씩 시계 방향으로 움직이고 0.6초 기다리기

1. 왜 라지 모터를 6도씩 작동시키나요?
초침이 시계를 한 바퀴 돌려면 360도를 회전해야 합니다. 360도를 60초에 회전하기 위해 360을 60으로 나눈 값인 6도씩 움직이도록 하였습니다.

2. 왜 라지 모터를 작동시킨 후 1초 기다리지 않고 0.6초만 기다리고 다시 작동시키나요?
360도를 60초에 돌기 위해 1초에 6도씩 움직이도록 하였으나, 1초 안에는 모터가 움직이는 시간과 기다리는 시간이 모두 포함됩니다. 따라서 1초에서 모터가 움직이는 시간 약 0.4초를 뺀 0.6초를 기다리도록 하였습니다.

③ 10초 남았을 때 LED와 거리 센서의 빠른 깜박임 효과 주기

 도전해 볼까요?

Level ⭐ 나만의 '폭탄 시계 로봇'을 만들어 볼 수 있나요?

Level ⭐⭐ 코딩을 바꿔 30초를 알려주는 폭탄 로봇을 만들어 볼 수 있나요?

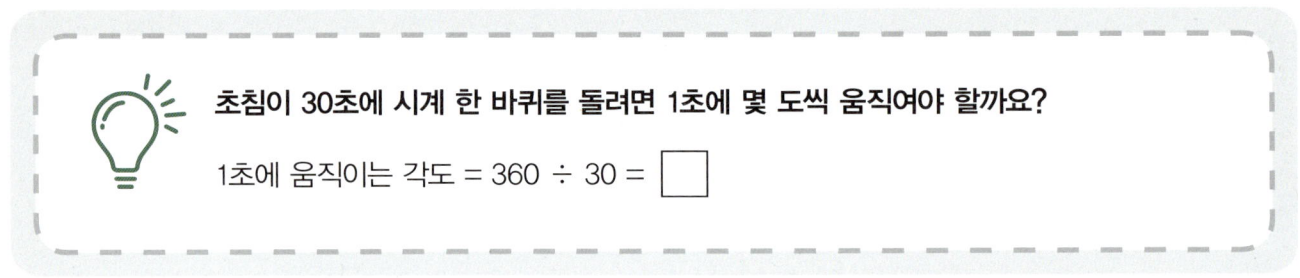

초침이 30초에 시계 한 바퀴를 돌리려면 1초에 몇 도씩 움직여야 할까요?

1초에 움직이는 각도 = 360 ÷ 30 = ☐

Level ⭐⭐⭐ 10초 간격으로 남은 시간이 LED 화면에 표시될 수 있도록 코딩을 바꿀 수 있나요?

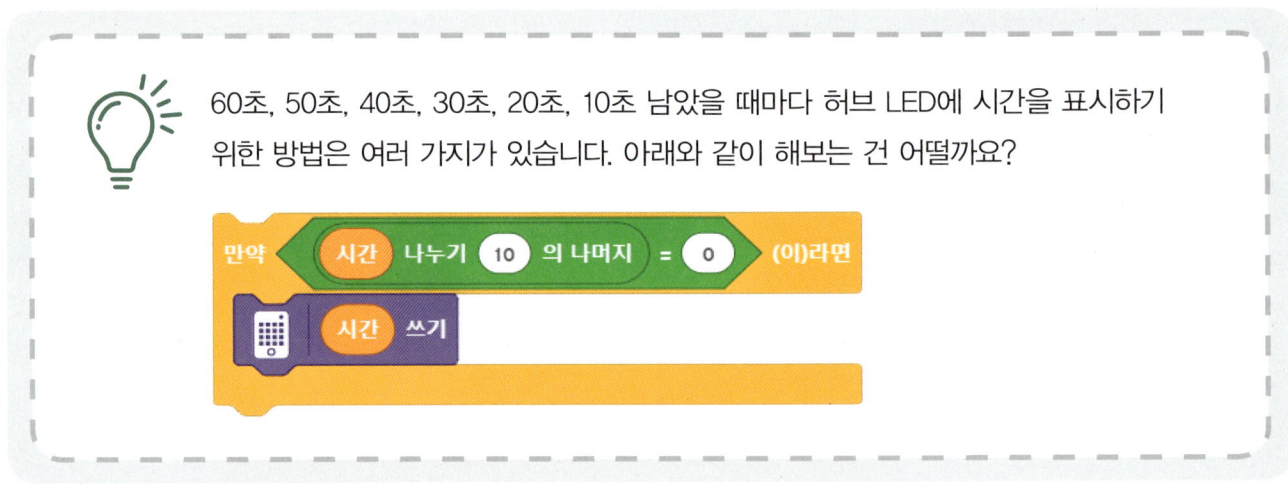

60초, 50초, 40초, 30초, 20초, 10초 남았을 때마다 허브 LED에 시간을 표시하기 위한 방법은 여러 가지가 있습니다. 아래와 같이 해보는 건 어떨까요?

Activity ♥ 둥글게 서서 '폭탄 시계 로봇'을 넘겨주며 끝말잇기 게임을 해 볼까요?

Activity ♥♥ '폭탄 시계 로봇'을 활용해 1분 동안 내가 만든 로봇을 소개해 볼까요?

Memo

 # 부자 되세요! 마음이 부자여야 진짜 부자!

주 제 똑똑한 나눔 저금통을 만들어 봉사와 나눔을 실천해 봅시다.

과 목 **도덕 6학년 2단원** 작은 손길이 모여 따뜻해지는 세상 :
봉사와 나눔을 통해 따뜻한 세상을 만들어 봅시다.
4학년 3단원 아름다운 사람이 되는 길 :
봉사와 나눔을 통해 내면적 아름다움을 길러봅시다.

 이번 도덕 시간에 무얼 만들까요?

어려움에 처한 친구를 도와준 적이 있나요? 나의 일이 아니더라도 나서서 봉사해본 경험은요? 있다면 여러분은 내면이 아름다운 사람입니다.

내면이 아름다운 사람은 어떤 사람일까요? 봉사와 나눔을 실천하며 다른 사람을 사랑하는, 마음이 따뜻한 사람이 아닐까요?

오늘은 스파이크 프라임으로 다른 사람을 돕기 위한 특별한 저금통을 만들며 아름다운 사람이 되기 위한 나눔 계획을 세워봅시다.

오늘은 어떤 장치를 만들까요?

어떻게 움직이게 만들까요?

- 허브와 모터, 컬러 센서, 거리 센서, 브릭을 이용하여 직육면체 모양의 저금통 틀을 만든다.
- 저금통 상단 동전 투입구에 컬러 센서가 약 1cm 정도의 간격을 두고 검은색 브릭을 마주보도록 배치한다.
- 저금통 양 측면에 미디엄 모터를 배치하고 빔을 연결하여 동작 표현에 활용한다.

 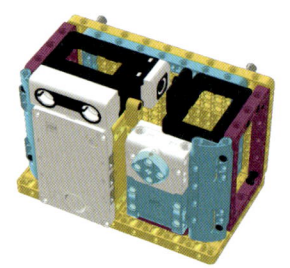 

어떤 부품이 필요할까요?

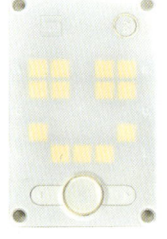 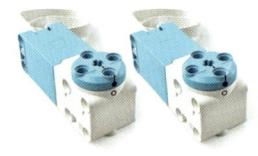 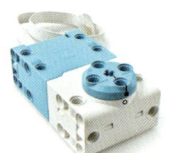  

| 레고® 테크닉 라지 허브 | 레고® 테크닉 라지 앵글 모터 | 레고® 테크닉 미디엄 앵글 모터 2개 | 레고® 테크닉 컬러 센서 | 레고® 테크닉 거리 센서 |

허브 : LED에 원하는 모양이나 숫자를 표현할 수 있으며 코딩을 통해 자체적으로 5옥타브의 비프음을 낼 수 있습니다.

컬러 센서 : 흰색, 파란색, 검은색, 녹색, 노란색, 빨간색, 하늘색, 보라색, 색상 없음 등 9개의 색을 구별합니다. 센서와 색과의 거리에 따라 인식률이 달라지는데 너무 가까워도, 너무 멀어도 정확도가 떨어집니다. 가장 잘 인식할 수 있는 거리는 16mm입니다.

미디엄(라지) 모터 : 속도, 각도, 회전 방향 등을 지정하여 움직일 수 있습니다.

거리 센서 : 5cm~2m의 거리를 감지할 수 있으며 5~30cm의 거리를 빠르게 인식합니다. 눈 모양 주변에서 빛을 낼 수 있어 패턴을 만들어 빛을 내거나 눈처럼 깜박이는 모양을 표현할 수 있습니다.

이렇게 만들어요.

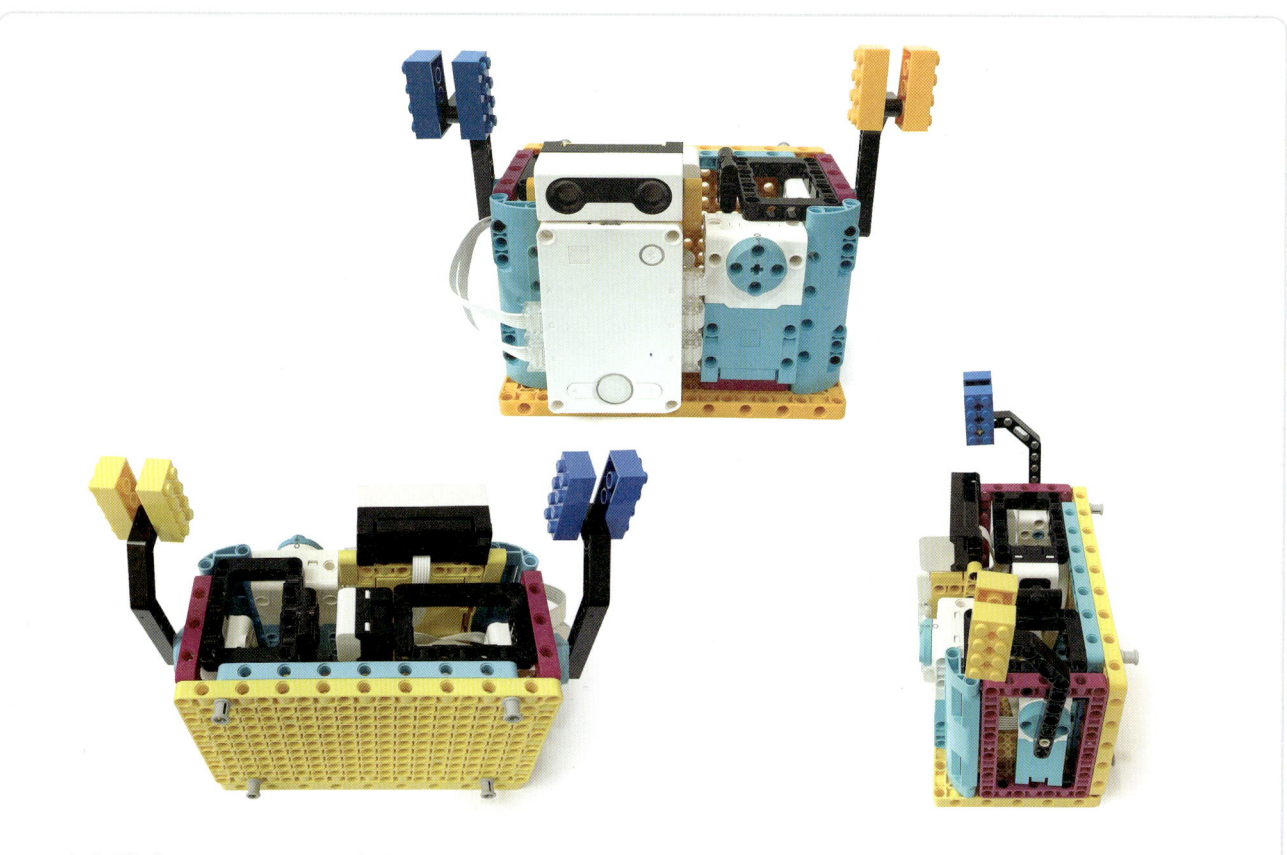

- 거리 센서 : C 포트
- 컬러 센서 : E 포트
- 미디엄 모터 : B, D 포트
- 라지 모터 : F 포트

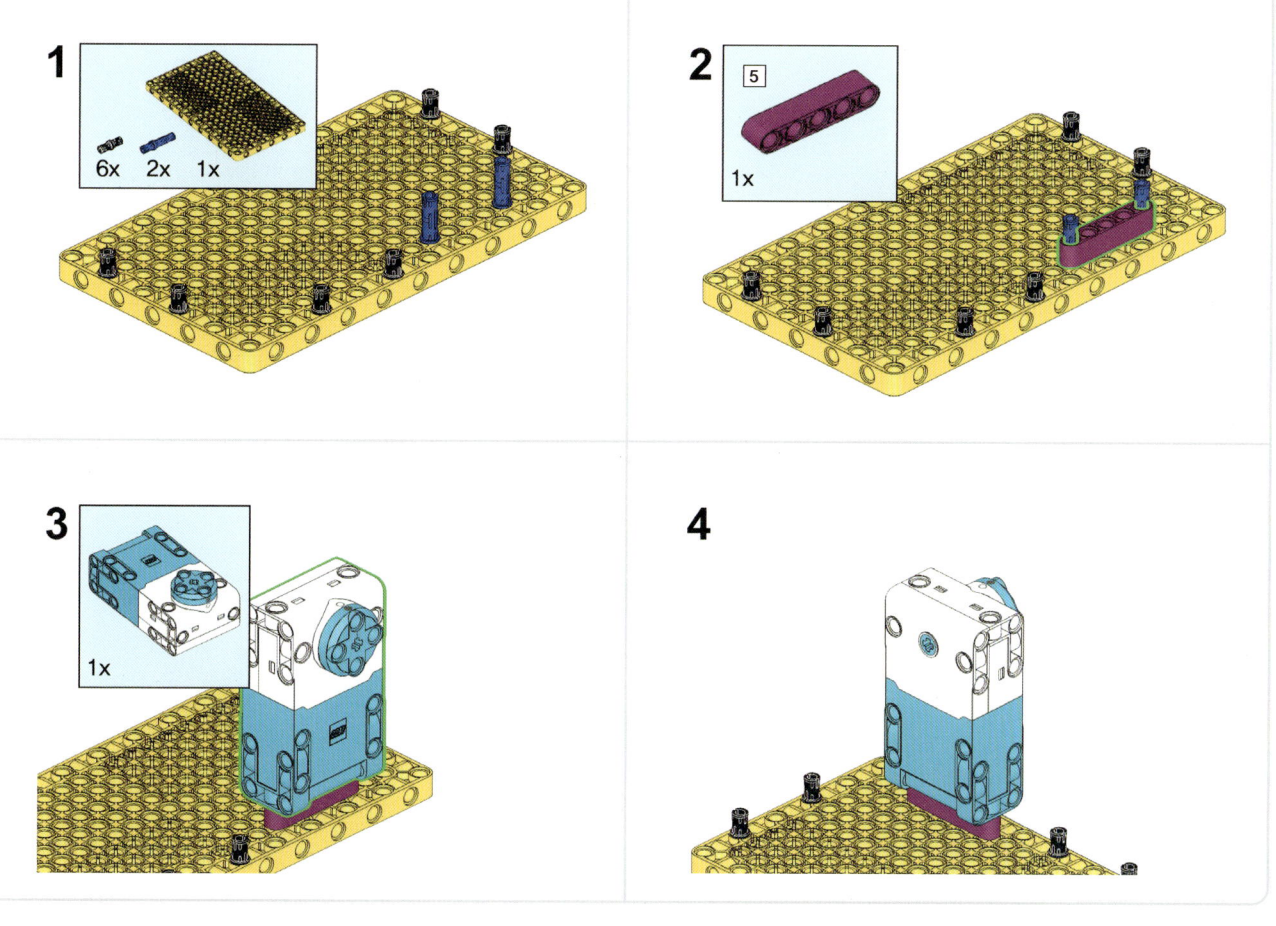

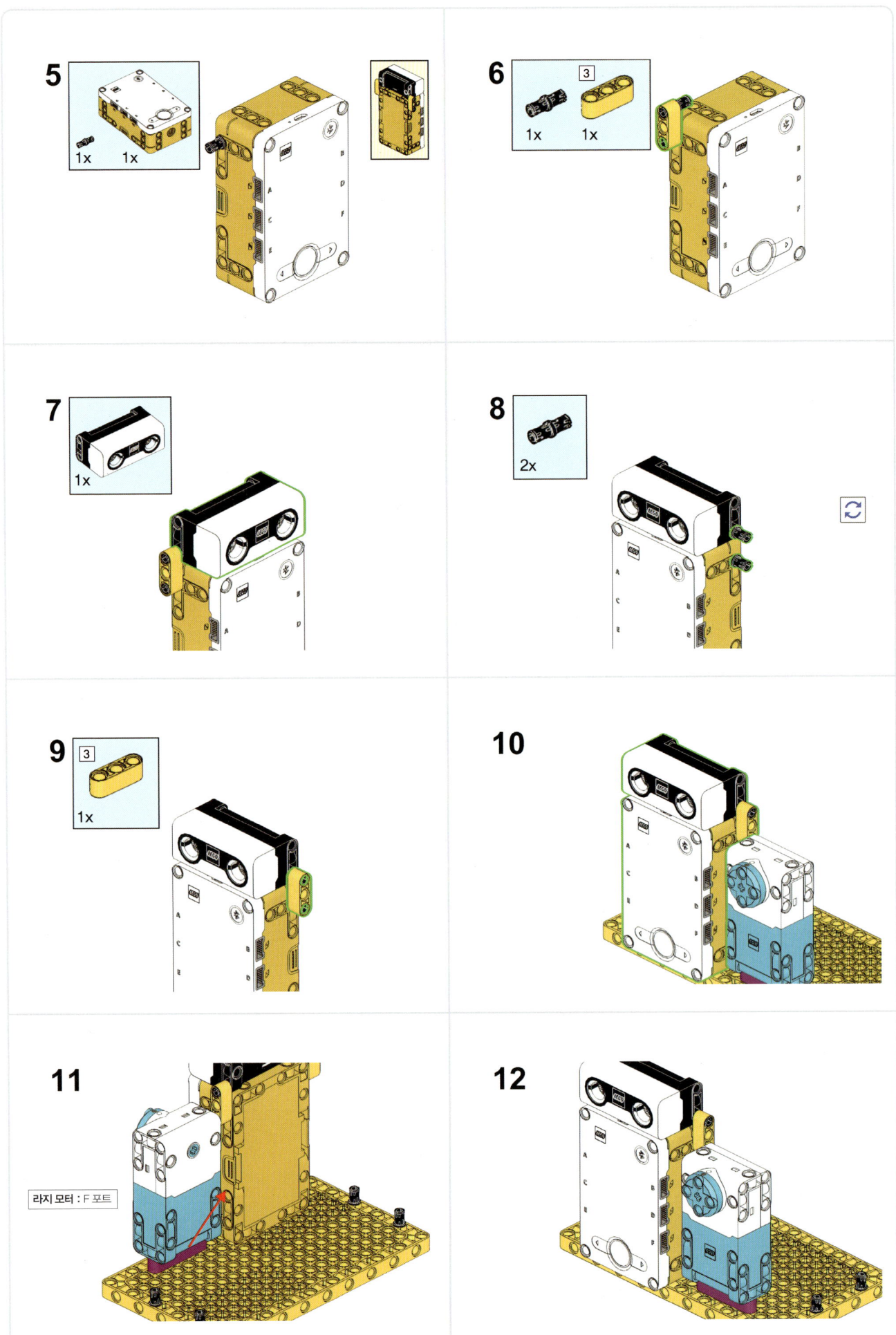

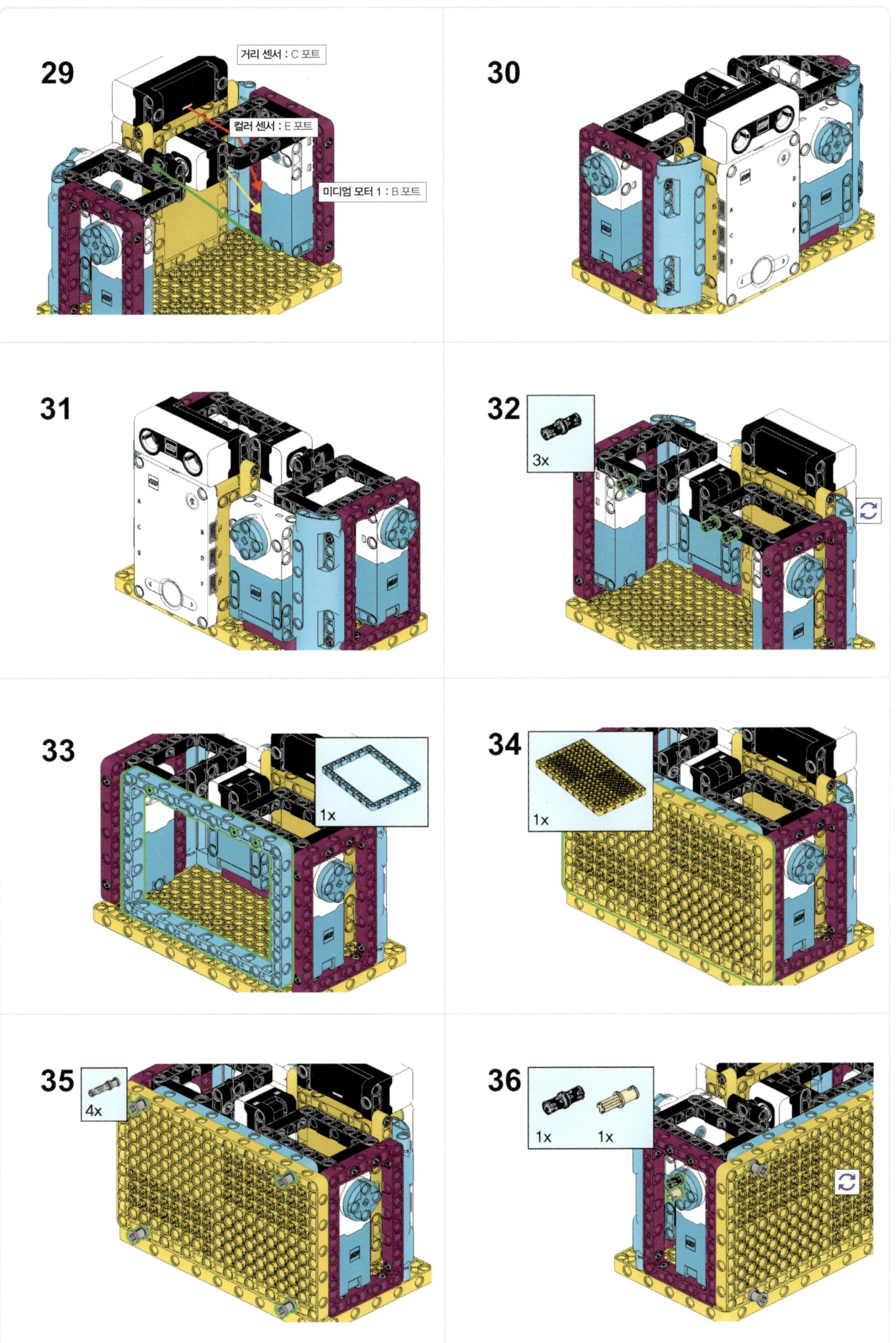

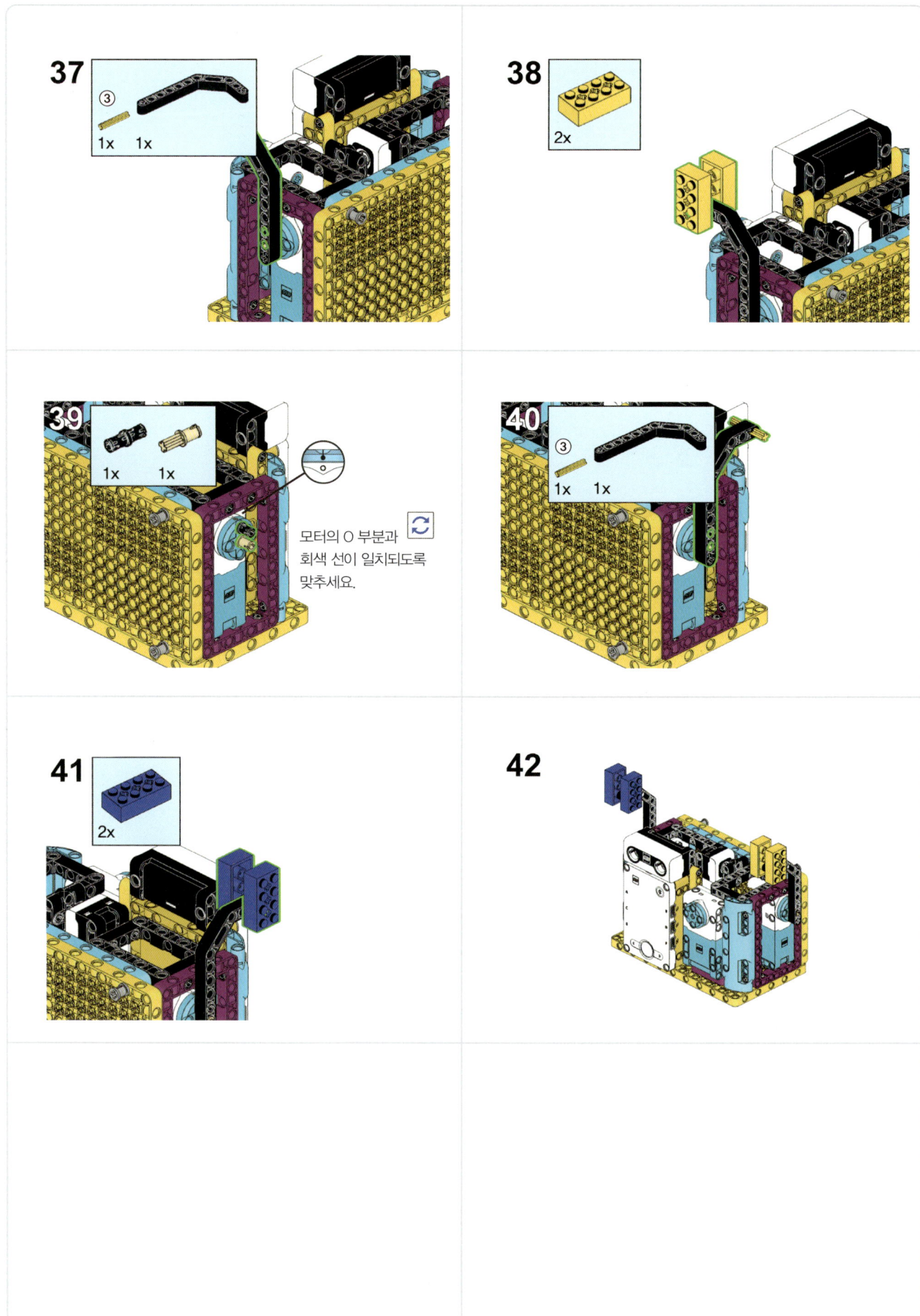

움직여 볼까요?

어떻게 코딩할까요?

- 컬러 센서가 검은색 이외의 색을 인식하면 (동전을 넣으면) 허브의 비프음을 울리며 LED에 하트를 깜박인다.

- 동전을 넣으면 신호를 보내 두 개의 미디엄 모터가 움직여 인사하는 모습을 표현한다.

- 저금통에 누군가 가까이 가면 거리 센서가 인식하고 거리 센서 패턴과 LED, 소리를 이용해 반응한다.

어떤 코딩 블록으로 만들까요?

모터	모터를 복수로 설정하고 초기 위치로 이동시킵니다.
동작	모터를 두 개 사용하는 경우 동작 모터로 설정하여 한 번에 코딩할 수 있습니다.
변수	코딩이 서로 충돌하지 않도록 변수 [상황]을 만들어 초깃값을 0으로 정하고 상황에 따라 바꿉니다.
이벤트	어떤 상황이 되면 [인사] 신호를 보내고, 그 신호를 받으면 일정한 동작을 하게 합니다.
변수 + 센서	컬러 센서가 검은색 이외의 색을 인식해야 명령을 수행합니다. 30cm 이내에 물체가 인식되어야 명령을 수행합니다.

이렇게 코딩해요.

① 주변을 두리번 거리다가 동전이 들어오면 비프음 울리고 하트 세 번 깜박이기

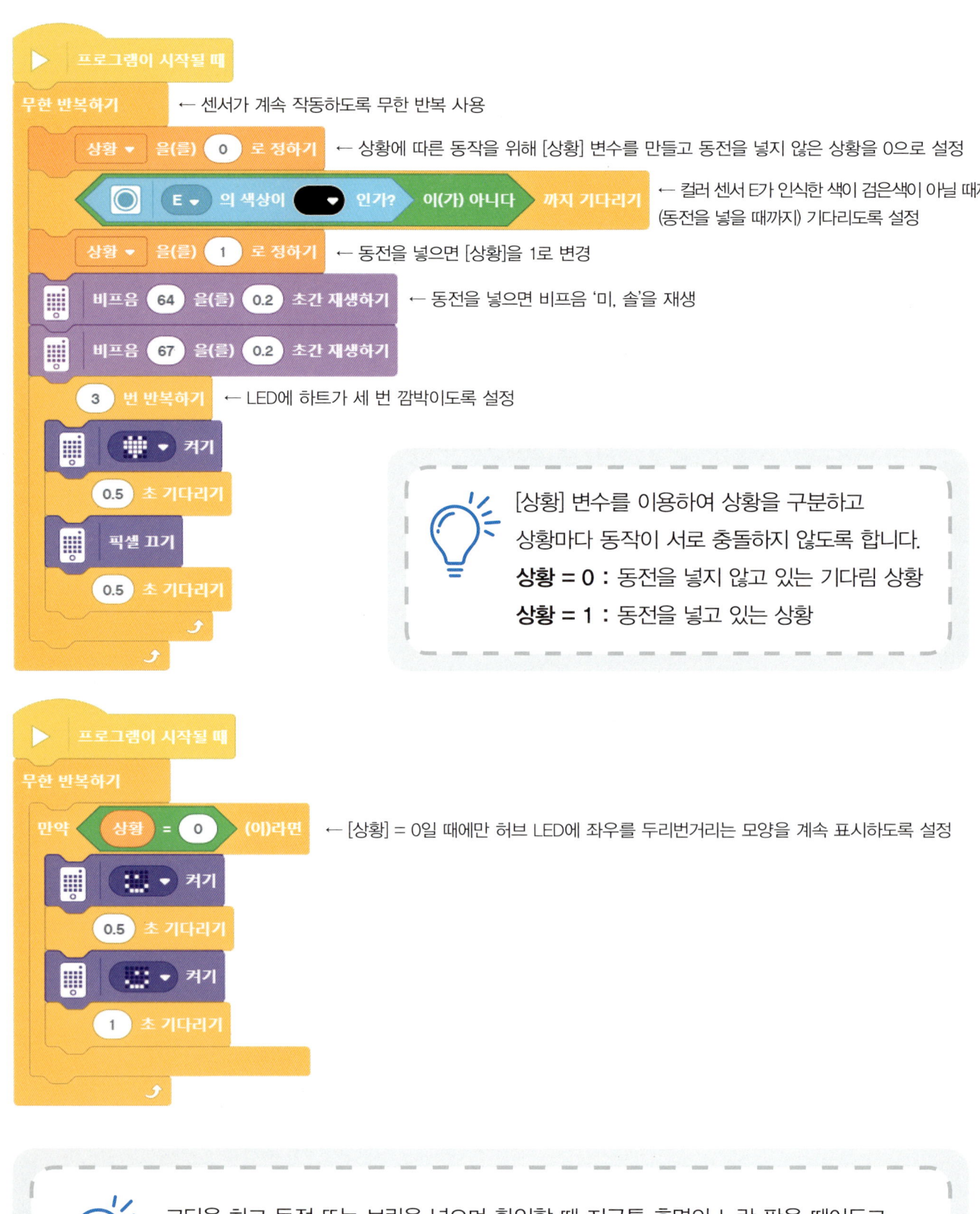

② 동전이 들어오면 인사하기

← 프로그램이 시작되면 미디엄 모터 B와 D를 가장 가까운 방향으로 초기 위치로 이동하도록 설정

← 컬러 센서 E가 검은색 이외의 색을 인식하면 (동전을 넣으면) "인사" 신호 보내서 지정한 동작 실행

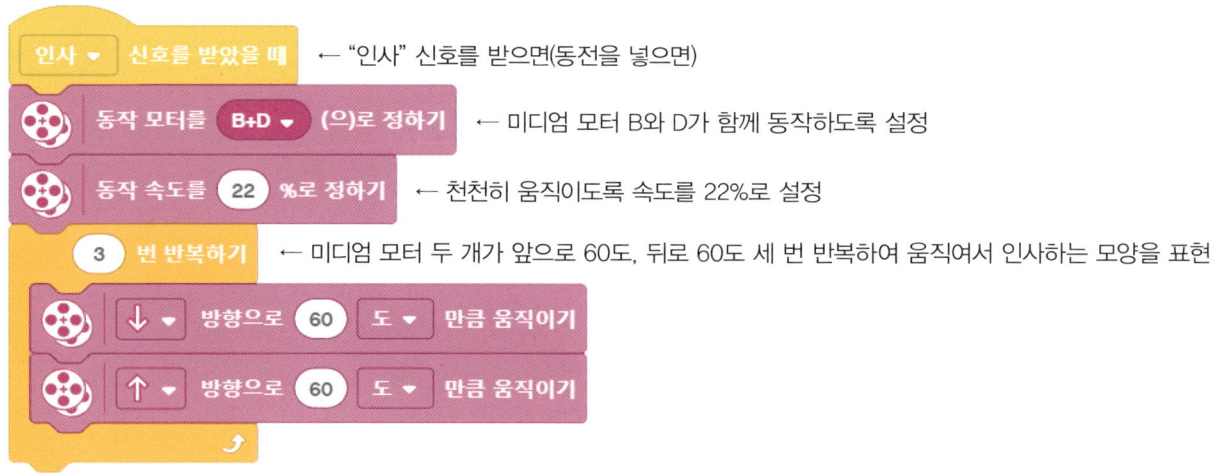

③ 누군가 가까이 오면 반가움 표시하기(눈 깜박이고 웃으면서 소리내기)

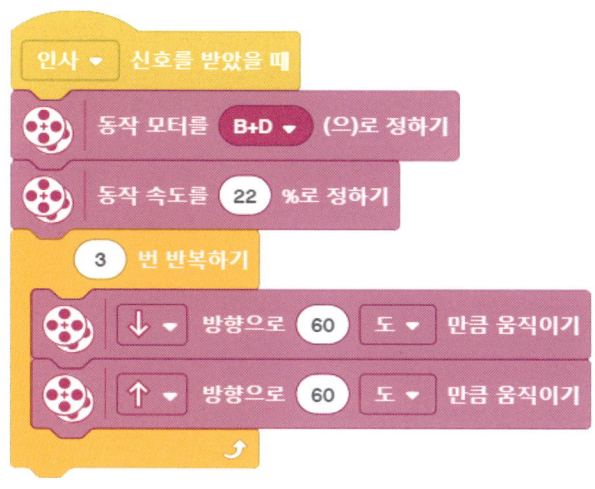

인사 신호를 받았을 때
동작 모터를 B+D (으)로 정하기
동작 속도를 22 %로 정하기
3 번 반복하기
↓ 방향으로 60 도 만큼 움직이기
↑ 방향으로 60 도 만큼 움직이기

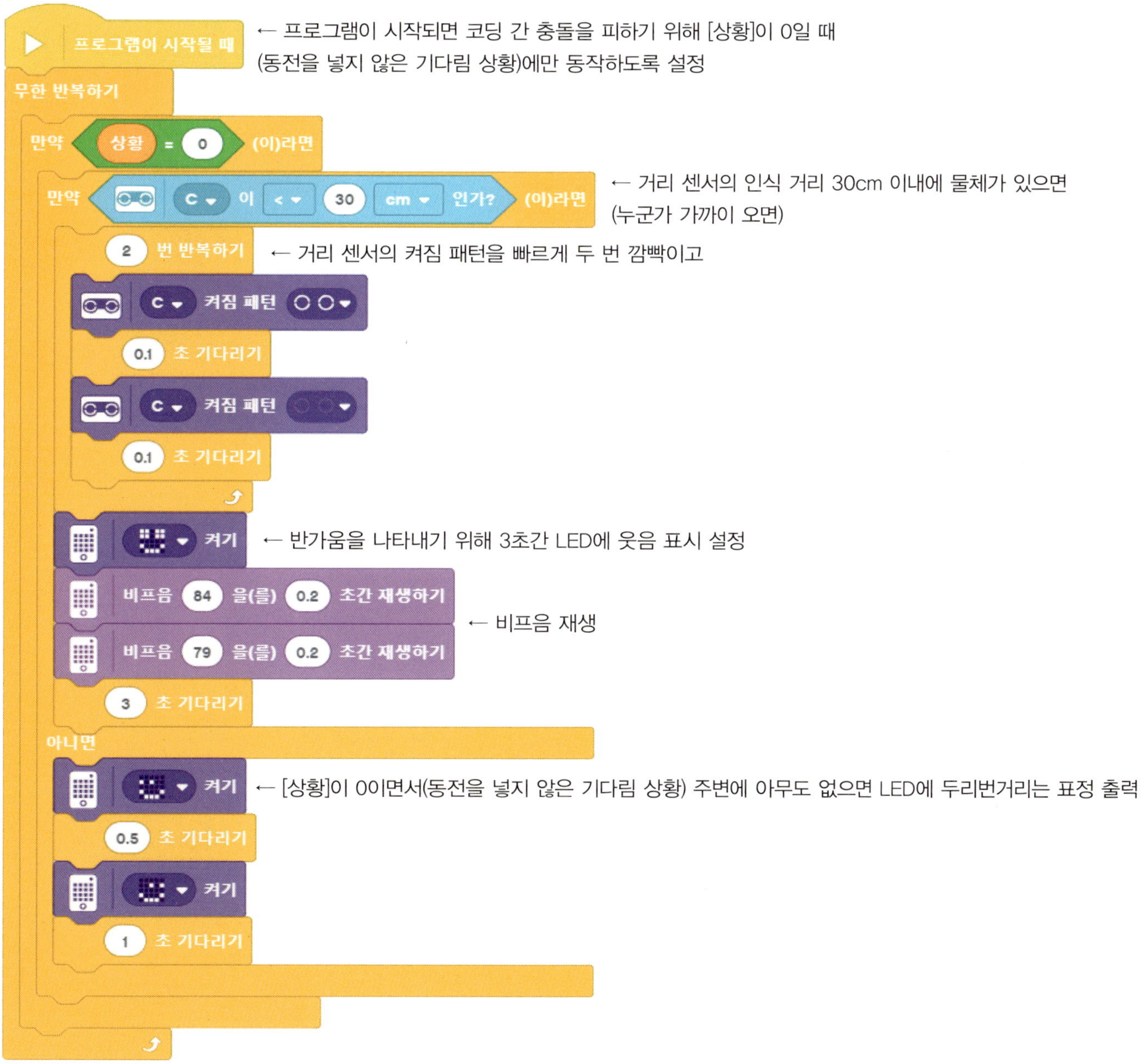
프로그램이 시작될 때
← 프로그램이 시작되면 코딩 간 충돌을 피하기 위해 [상황]이 0일 때 (동전을 넣지 않은 기다림 상황)에만 동작하도록 설정
무한 반복하기
만약 상황 = 0 (이)라면
만약 C 이 < 30 cm 인가? (이)라면
← 거리 센서의 인식 거리 30cm 이내에 물체가 있으면 (누군가 가까이 오면)
2 번 반복하기
← 거리 센서의 켜짐 패턴을 빠르게 두 번 깜빡이고
C 켜짐 패턴
0.1 초 기다리기
C 켜짐 패턴
0.1 초 기다리기
켜기
← 반가움을 나타내기 위해 3초간 LED에 웃음 표시 설정
비프음 84 을(를) 0.2 초간 재생하기
비프음 79 을(를) 0.2 초간 재생하기
← 비프음 재생
3 초 기다리기
아니면
켜기
← [상황]이 0이면서(동전을 넣지 않은 기다림 상황) 주변에 아무도 없으면 LED에 두리번거리는 표정 출력
0.5 초 기다리기
켜기
1 초 기다리기

도전해 볼까요?

Level ⭐ 저금통에 저금한 돈을 잃어버리지 않도록 안전한 저금통으로 바꿔 볼 수 있나요?

Level ⭐⭐ 저금할 때마다 손(미디엄 모터에 연결된 브릭)을 앞뒤로 흔들어 칭찬을 해주는 코딩을 할 수 있나요?

Level ⭐⭐⭐ 저금할 때마다 인사를 해주는 코딩을 할 수 있나요? (라지 모터에 브릭 연결하여 동작 만들기)

Activity ♥ 나만의 저금통을 만들어 저금해 보고 저금한 돈으로 무엇을 할지 친구들에게 소개해 볼까요?

Memo

나만의 자동차를 만들어볼까요?

주 제 나만의 자동차를 만들어 빠르기를 비교해 보고, 빠른 자동차를 만들어 봅시다.
과 목 과학 5-2 4단원 물체의 운동, **수학 6-1 4단원** 비와 비율

▶ 오늘 과학 시간에 무얼 만들까요?

도시의 도로에는 자동차들이 많습니다. 어느 차가 더 빠른지 알 수 있는 방법은 무엇일까요?

물체의 빠르기를 비교할 수 있는 자동차 모형을 직접 만들어, 친구들과 함께 두 가지 방법으로 어느 자동차 모형이 더 빠른지 확인해 볼까요?

빠르게 앞으로 달려가는 자동차 모형을 만들기 위해 바퀴 4개가 달린 간단한 장치를 만들어 봅시다.

 **속력이란?**
1초, 1분, 1시간 등과 같은 단위 시간 동안 이동한 거리를 말합니다.
물체가 이동한 거리와 이동하는 데 걸린 시간을 알면, 그 물체의 속력을 구할 수 있습니다.
속력 = 이동 거리 ÷ 이동 시간

오늘은 어떤 장치를 만들까요?

어떻게 움직이게 만들까요?

- 허브와 미디엄 모터 2개를 앞뒤로 연결한다.
- 차의 뒷부분인 허브 바닥에 하나의 축에 왼쪽, 오른쪽 바퀴를 모두 연결한다.
- 차의 앞부분인 미디엄 모터 2곳에 바퀴를 각각 연결하여 주고, B 포트와 D 포트에 연결한다.

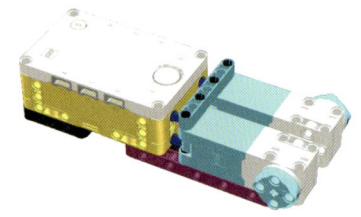
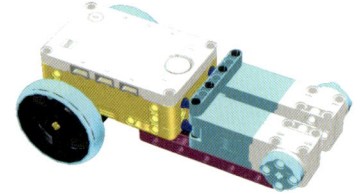

어떤 부품이 필요할까요?

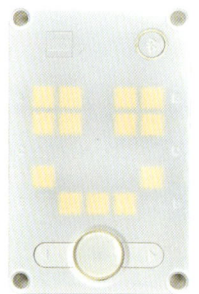

레고® 테크닉 라지 허브

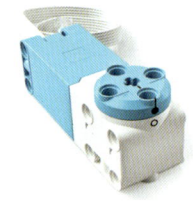

레고® 테크닉 미디엄 앵글 모터

허브 : 25개의 LED에 간단한 숫자와 자동차가 이동한 시간, 계산된 자동차의 속력을 표현할 수 있어요.

미디엄 모터 : 2개의 미디엄 모터를 모터가 하나처럼 동시에 작동시킬 수 있어요.

이렇게 만들어요.

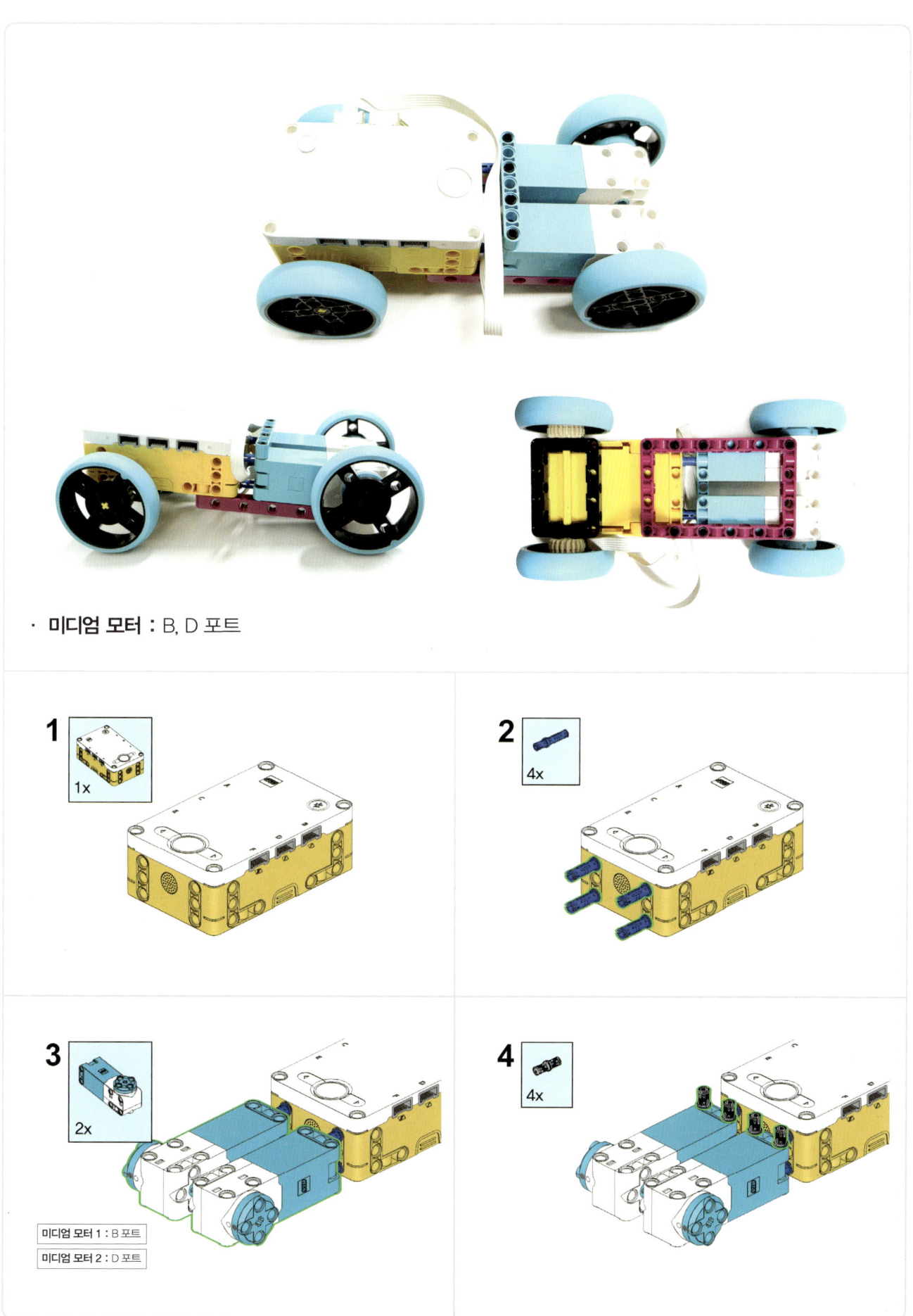

- **미디엄 모터** : B, D 포트

미디엄 모터 1 : B 포트
미디엄 모터 2 : D 포트

89

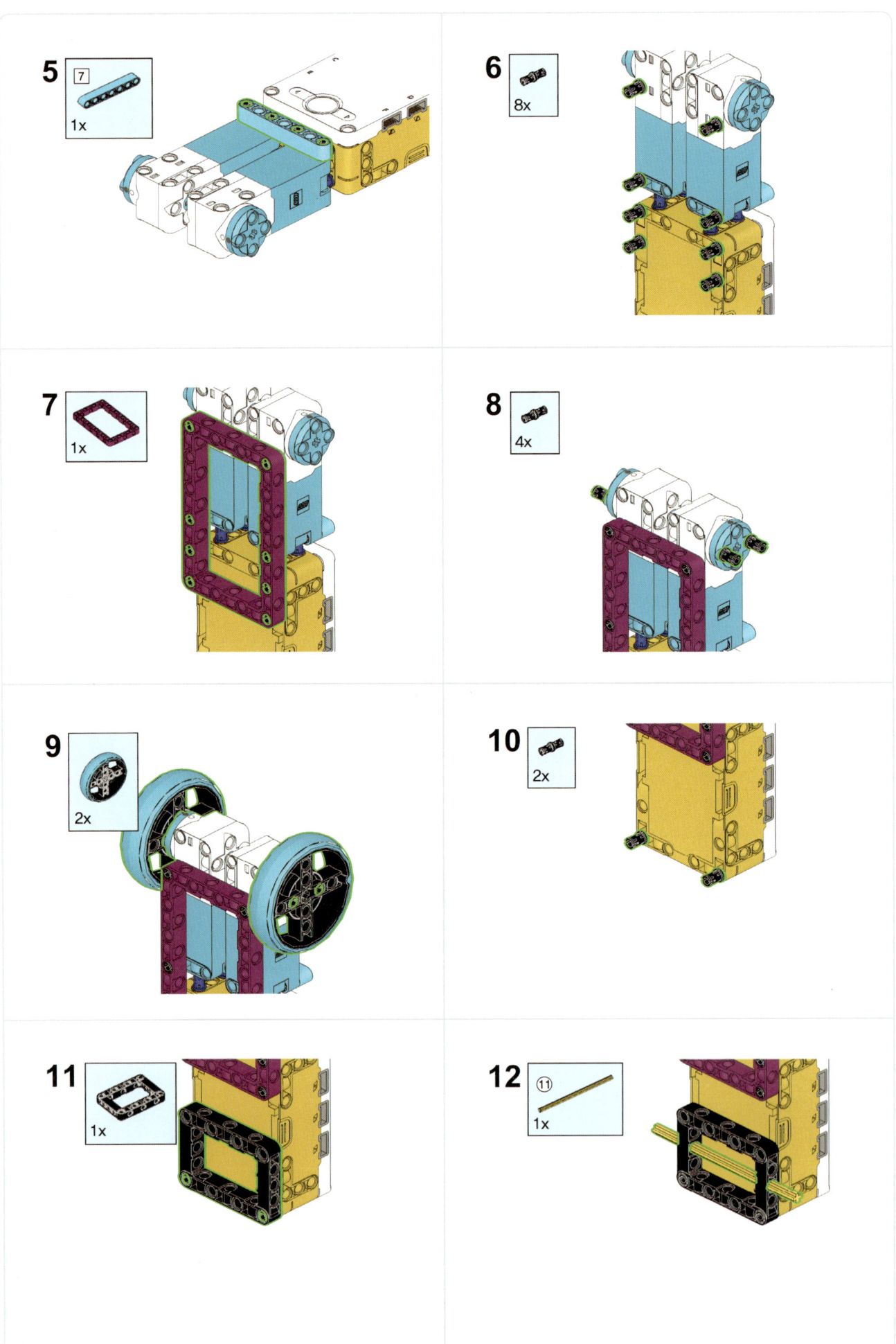

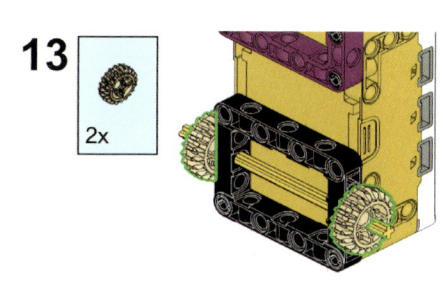
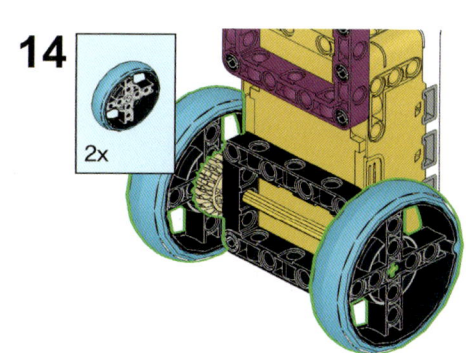

Memo

움직여 볼까요?

어떻게 코딩할까요?

- 시작하면 LED 창에 3, 2, 1 이라는 숫자가 보이며 출발을 알린다.
- 자동차 가속 페달 소리를 내며, 타이머가 0으로 초기화한다.
- 100cm 만큼 자동차가 움직이고, 계산된 속력을 LED 창에 보여준다.

어떤 코딩 블록으로 만들까요?

분류	블록	설명
동작	동작 모터를 B+D (으)로 정하기	B와 D 포트에 연결된 모터 2개를 동작 모터로 지정하여 하나의 모터처럼 동작합니다.
	동작 속도를 50 %로 정하기	동작 모터(모터 2개 동시에) 속도를 50%로 정합니다.
동작 추가메뉴	직선: 0 방향 50 %의 속도로 동작 시작하기	앞 직선 방향으로 모터 50%의 출력으로 시작합니다.
동작	직선: 0 방향으로 100 cm 만큼 움직이기	앞 직선 방향으로 100cm 거리만큼 움직입니다.
센서	타이머	시계처럼 시간(초)이 흘러가고 타이머 블록이 사용되는 그 때의 시간을 입력값으로 사용합니다.
	타이머 초기화	타이머를 사용할 때는 시작 전 초기화하여 0부터 시작합니다.
연산	100 ÷ 시간	이동 거리 100cm를 이동 시간으로 나누어서 속력을 구합니다.
변수	변수 만들기 ☑ 속력 ☑ 시간	변수 [시간]과 [속력]을 만듭니다.
	시간 을(를) 타이머 로 정하기	변수 [시간]을 (타이머)블록으로 정합니다. 타이머에 현재 시간값이 입력됩니다.
	속력 을(를) 0 로 정하기	변수 [속력] 값을 0으로 정해 초기화 시킵니다.

이렇게 코딩해요.

① 동작 모터 출력을 바꾸며 빠르기 비교하기

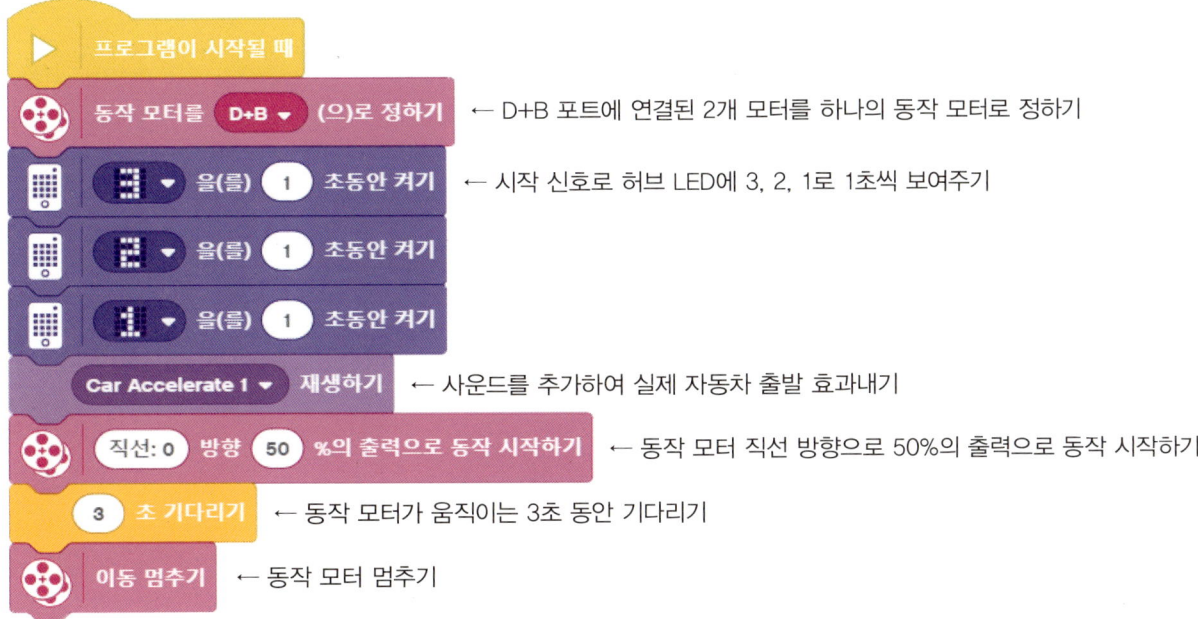

② 동작 속도를 바꾸며 일정한 거리를 이동하는 물체의 빠르기를 비교하기

③ 일정한 거리를 달리는 자동차의 속력을 계산하여 보여주기

 도전해 볼까요?

Level ⭐ 자동차의 이동 거리를 2배, 3배, 4배로 변경하면 속력은 어떻게 변하는지 측정할 수 있나요?

Level ⭐⭐ 자동차의 동작 속도를 10씩 증가해보고, LED 창에 나타난 속력을 표와 그래프로 만들 수 있나요?

(1) 표 완성하기

〈입력값〉 동작 속도	10	20	30	40	50	60	70	80	90	100
〈출력값〉 이동 시간										
〈출력값〉 속력										

(2) 그래프로 나타내기

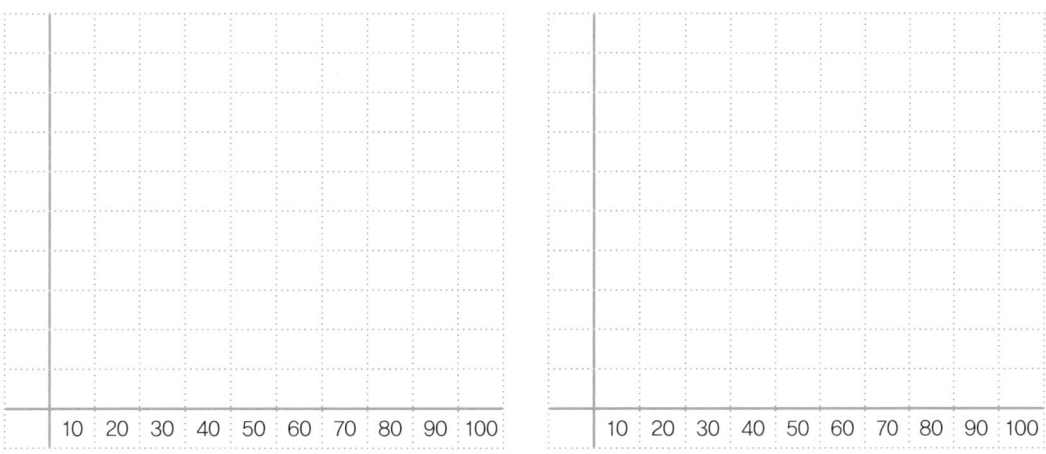

Activity ❤️❤️ 자동차를 만들어 친구들과 자동차 경주를 해 볼까요?

📖 읽을 거리 레고 테크닉으로 만든 도로를 달리는 슈퍼카

레고팀은 레고 테크닉 부품을 이용하여 실제 슈퍼카 부가티 시론과 똑같은 크기와 모양으로 만들어 냈습니다. 차의 모습뿐만 아니라 실제 도로에서 달릴 수 있도록 만들었는데요.
움직이도록 해주는 엔진을 만드는 문제가 중요했습니다. 놀랍게도 실제로 여러분들이 사용하는 소형 레고 테크닉 파워펑션(모터)만 이용하여 차를 움직이는 데 성공했습니다. 여러분도 자기만의 자동차를 만들어보는데 도전해 보세요.

출처 레고 유튜브 채널, https://youtu.be/AHLrrR5xx9M

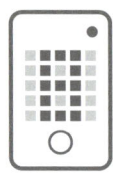

바퀴로 길이를 재어 볼까요?

주 제 길이를 측정하는 장치를 만들어보고, 책상의 가로와 세로를 측정해 봅시다.
과 목 수학6-2 5단원 원의 넓이

▶ 오늘 수학 시간에 무얼 만들까요?

교실에서는 길이를 측정하기 위해 '자'를 이용합니다. 때로는 내가 가진 '자'보다 더 긴 물체의 길이를 재는 것이 불편하지요. 그래서, 긴 거리를 재기 위해 실제로 사진과 같은 장치를 사용합니다.

사진을 자세히 살펴볼까요? 이 장치에는 원이 있어요. 바로, 바퀴입니다.

이 장치는 바퀴가 굴러간 만큼의 거리가 자동으로 측정되어 숫자로 보여집니다. 원리를 알아볼까요? 바퀴가 한 번 굴러서 이동하는 거리가 바로 원의 둘레와 같습니다. 수학 시간에 우리는 원의 둘레를 '원주'라고 부릅니다.

원 모양의 바퀴가 몇 번 구르는지 세어서 이동한 길이를 알 수 있습니다. 원주가 10cm이고, 3번 굴러가면 이동 거리는 30cm이지요.

스파이크 프라임에 있는 바퀴가 몇 바퀴 굴러가는지 세어보고, 바퀴의 원주만큼 곱하면 실제 거리를 알 수 있습니다. 우리도 길이를 측정할 수 있는 장치를 직접 만들어 봅시다.

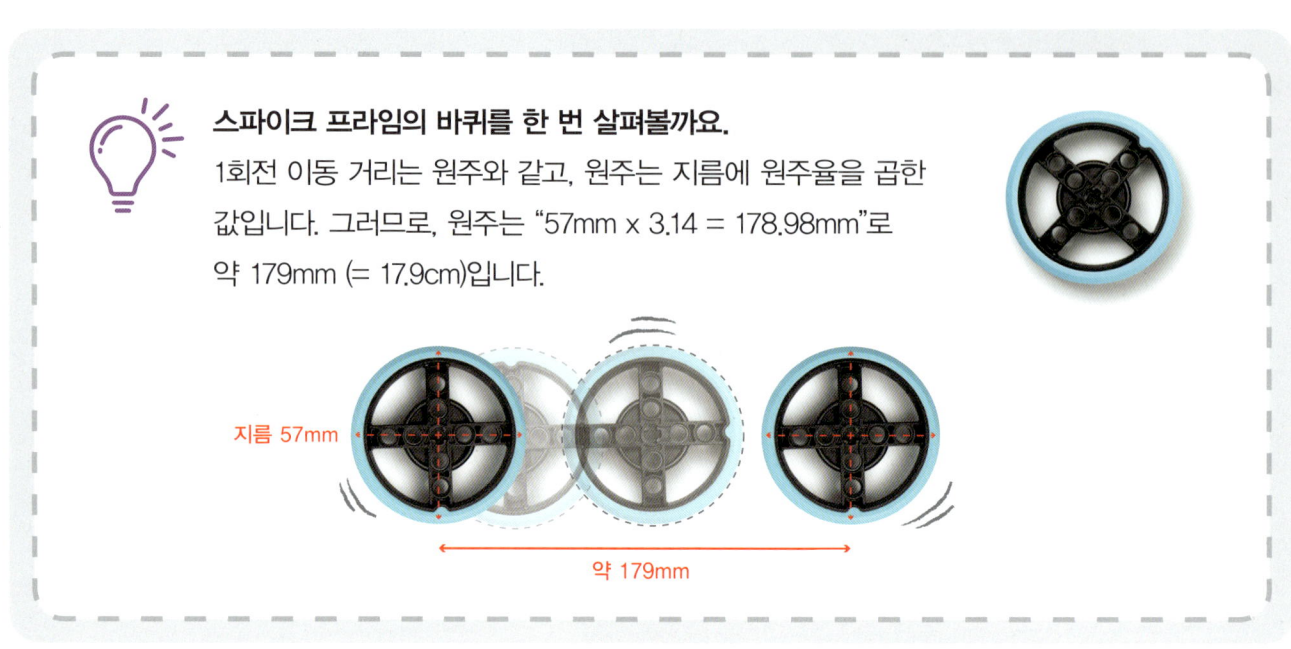

스파이크 프라임의 바퀴를 한 번 살펴볼까요.
1회전 이동 거리는 원주와 같고, 원주는 지름에 원주율을 곱한 값입니다. 그러므로, 원주는 "57mm x 3.14 = 178.98mm"로 약 179mm (= 17.9cm)입니다.

지름 57mm
약 179mm

오늘은 어떤 장치를 만들까요?

어떻게 움직이게 만들까요?

| 허브를 손잡이로 쓰고, 그 아래에 미디엄 모터 1개를 연결한다. | 미디엄 모터 좌우에 바퀴를 연결한다. | 미디엄 모터 케이블을 허브 B 포트에 연결한다. |

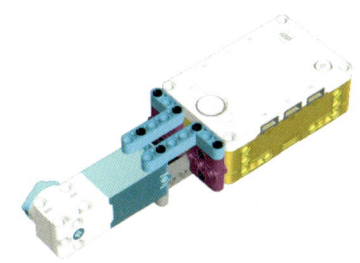 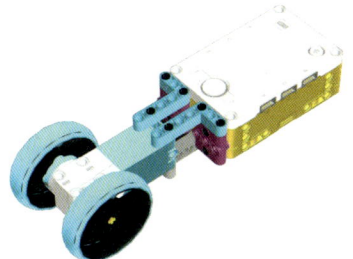 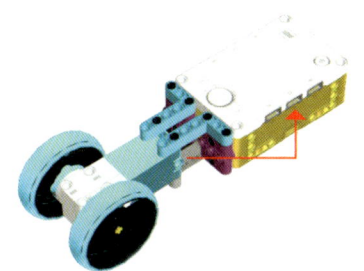

어떤 부품이 필요할까요?

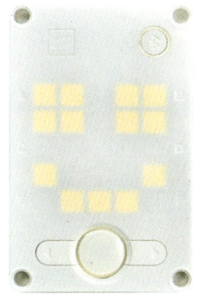

레고® 테크닉
라지 허브

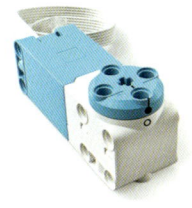

레고® 테크닉
미디엄 앵글 모터

 **허브 :** 25개의 LED에 내가 측정한 거리를 숫자를 표현할 수 있습니다.
또한, 측정을 시작하는 것을 알려주는 소리를 낼 수 있습니다.

미디엄 모터 : 모터가 회전하는 각도를 0도에서 360도까지 인식하여 입력 장치로 사용할 수 있습니다.

이렇게 만들어요.

- 미디엄 모터 : B 포트

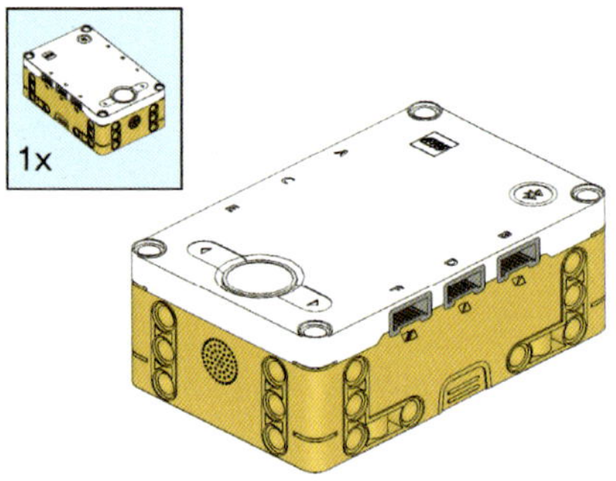

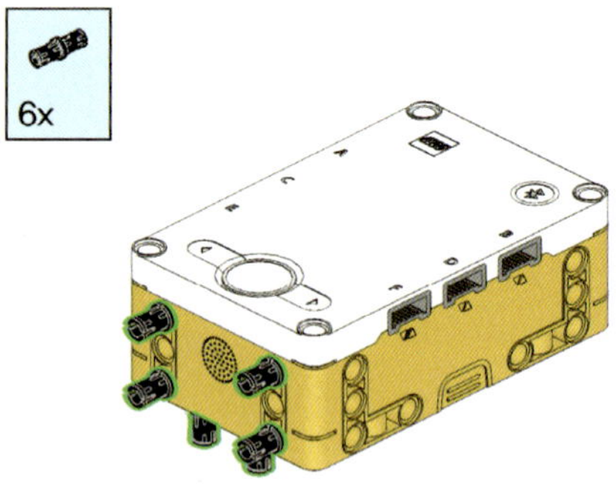

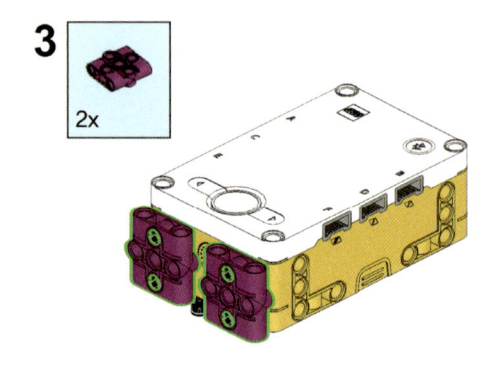

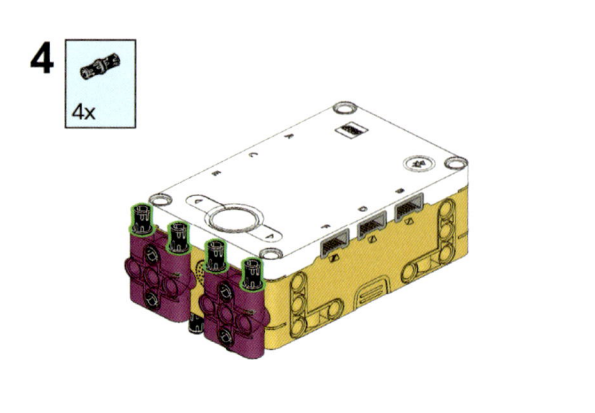

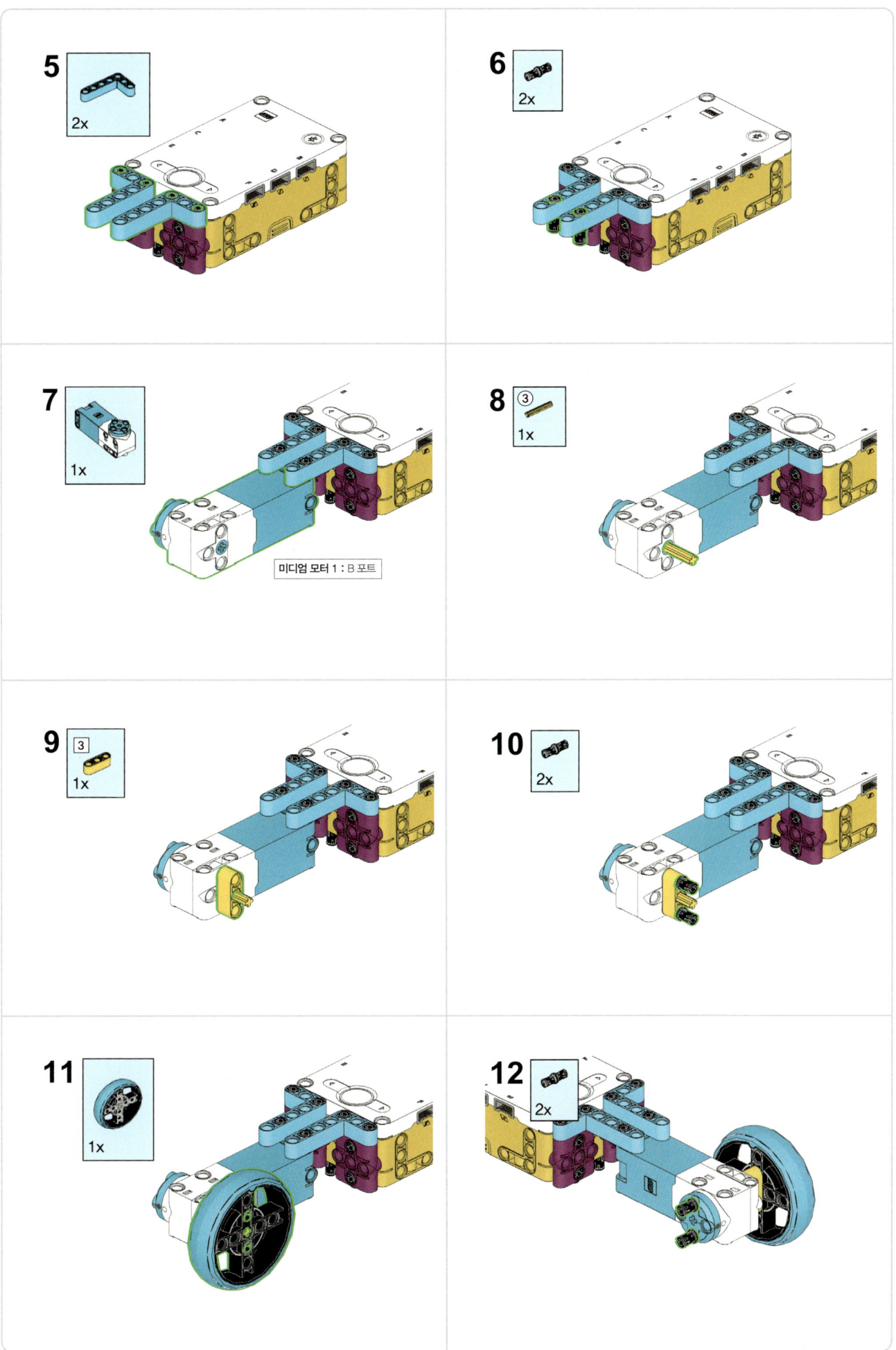

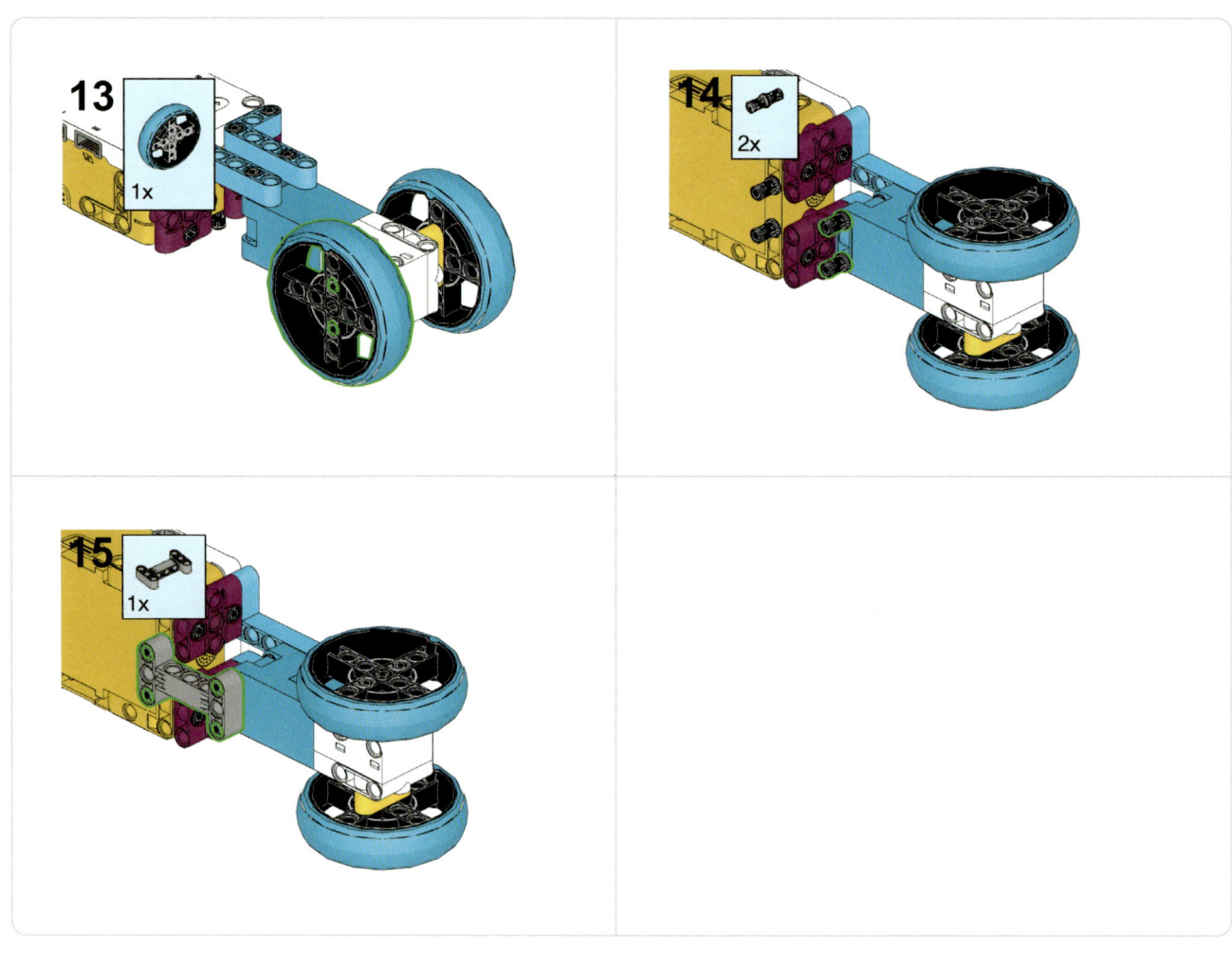

움직여 볼까요?

어떻게 코딩할까요?

미디엄 모터의 회전축이 시작점인 0도로 돌아가고, 모터가 부드럽게 돌아가도록 조정한다.	바퀴가 회전하면, 미디엄 모터의 각도값이 입력된다.	입력된 각도로 계산된 이동 거리를 LED 창으로 보여준다.

어떤 코딩 블록으로 만들까요?

분류	블록	설명
변수	변수 만들기 ☑ 거리	변수 [거리]를 만들어 줍니다.
변수	[거리 ▼]을(를) 0 로 정하기	변수 [거리] 값을 0으로 정하여 초기화 시킵니다.
변수	[거리 ▼]을(를) 1 만큼 바꾸기	변수 [거리] 값을 1만큼 바꾸어 줍니다.
모터	B ▼ 모터 10 %로 속도 정하기	모터의 속도를 10%로 정하여 움직이게 합니다.
모터	B ▼ 최단 경로 ▼ 방향으로 0 까지 이동하기	현재 모터의 자리에서 가장 가까운 방향(시계 방향 또는 시계 반대 방향)으로 움직여 기준점으로 갑니다.
모터 추가메뉴	B ▼ 모터 0 % 출력으로 켜기	모터의 출력을 0%로 만들어서 외부의 힘으로 부드럽게 돌아가도록 해줍니다.
연산	(B ▼ 위치 ÷ 360) × 179	바퀴 360도에서 움직인 각도만큼의 거리를 구하기 위해, 원주를 곱하여 이동 거리를 계산합니다. 모터 B 위치 × 179(원주) 360°

101

이렇게 코딩해요.

① 바퀴를 손으로 돌릴 때 모터의 출력에 따라 차이점 살펴보기

② 모터의 각도를 변수로 만들어서 변화 관찰하기

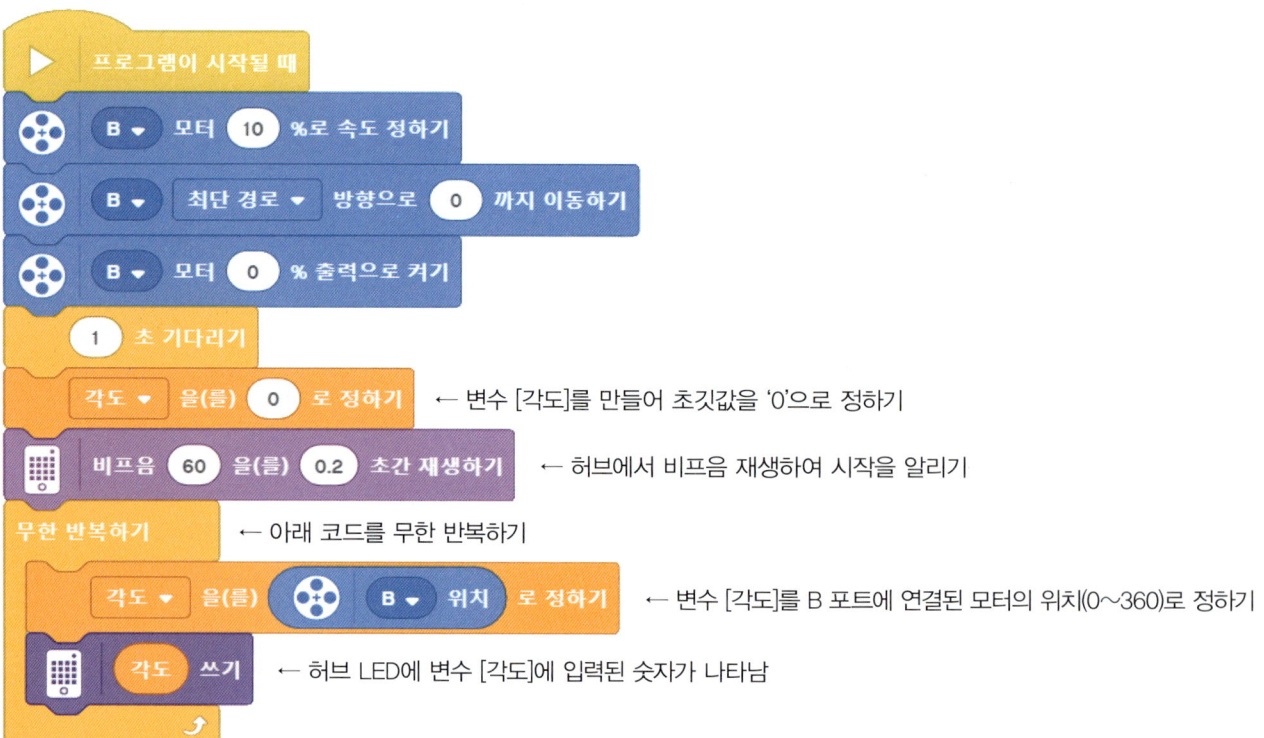

③ 모터의 각도를 이용하여 이동 거리를 계산하기

도전해 볼까요?

Level ⭐ 거리를 측정한 후 초기화하여 다시 시작하는
버튼을 코딩할 수 있나요?

Level ⭐⭐ 한 바퀴 이상의 거리를 측정할 수 있도록 코딩을 변경 할 수 있나요?

바퀴가 한 바퀴 이상 굴러갈 경우, 360도를 넘어갑니다.
(B 상대 위치를 0으로 설정) vs (B 상대 위치) 코딩 블록의 차이점은 무엇일까요?

Activity ♥ 책상의 가로, 세로 길이를 직접 측정해 볼까요?

가로 길이: (   )

세로 길이: (   )

Q. 바퀴로 만든 측정기로 측정할 때 불편한 점은 무엇이 있나요?

Memo

저울을 만들어 무게를 비교해 볼까요?

주 제 물체의 무게를 비교할 수 있는 저울을 만들고, 여러 물체를 비교해 봅시다.
과 목 과학 4-1 4단원 물체의 무게

▶ 오늘 과학 시간에 무얼 만들까요?

우리가 사용하는 물체들은 각각 그 무게가 다릅니다. 가족들과 시장에서 물건을 사보면 무거운 물건도 있고, 가벼운 물건도 있지요.

놀이터에서 쉽게 볼 수 있는 시소를 타면 더 무거운 사람 쪽으로 기울어지지요. 어른과 시소를 타면 몸무게가 더 무거운 어른 쪽으로 기울어져요. 즐겁게 타려면 더 무거운 사람이 앞쪽 의자에 앉고, 나는 뒤쪽 의자에 앉으면 됩니다.

오늘은 물체의 무게를 비교할 수 있는 저울을 만들어 볼까요?

무게란, 지구가 물체를 끌어당기는 힘의 크기를 의미합니다.
무게 단위로는 g중, kg중, N(뉴턴)을 사용합니다.
물체의 무게를 서로 비교하기 위해서 '클립'이나 '압정'처럼 균일한 무게를 가진 물체를 정해 기준으로 사용할 수 있습니다.

오늘은 어떤 장치를 만들까요?

어떻게 움직이게 만들까요?

- 저울이 잘 고정되도록 넓은 받침대와 그 위에 튼튼한 기둥을 만든다.
- 기둥의 윗부분에 힘 센서를 고정한다.
- 수평대의 한 쪽은 힘 센서를 누르는 장치, 다른 한 쪽은 물체를 올려두는 접시를 올리고, 기둥에 연결한다.

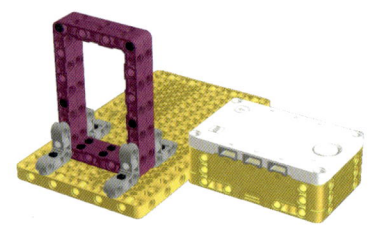
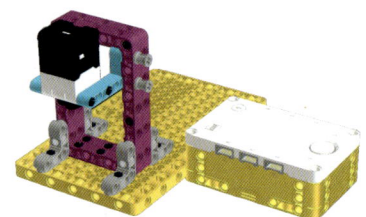
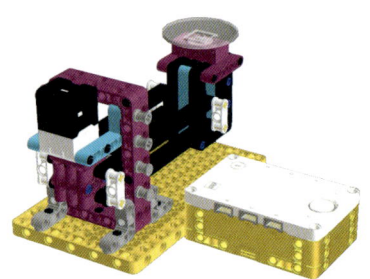

어떤 부품이 필요할까요?

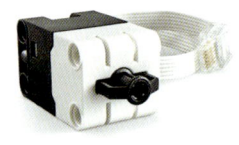

레고® 테크닉 라지 허브   레고® 테크닉 힘 센서

허브 : 25개의 LED로 영문이나 숫자를 표현할 수 있습니다.

힘 센서 : 힘 센서는 터치를 감지하는 기능(눌렸다 안눌렸다를 판단)으로 스위치 역할도 하고, 10N까지 누르는 힘의 강도를 입력값으로 얻을 수 있습니다.

뉴턴(Newton)이란? 질량 1kg의 물체에 작용하여 $1m/s^2$의 가속도(加速度)를 발생시키는 힘을 나타냅니다. 중력가속도가 $9.8m/s^2$인 지구에서는 1kg의 물체에 작용하는 중력(重力)의 크기는 9.8N 입니다. 그러므로, 1N ≒ 100g중으로 대략 사용합니다.

이렇게 만들어요.

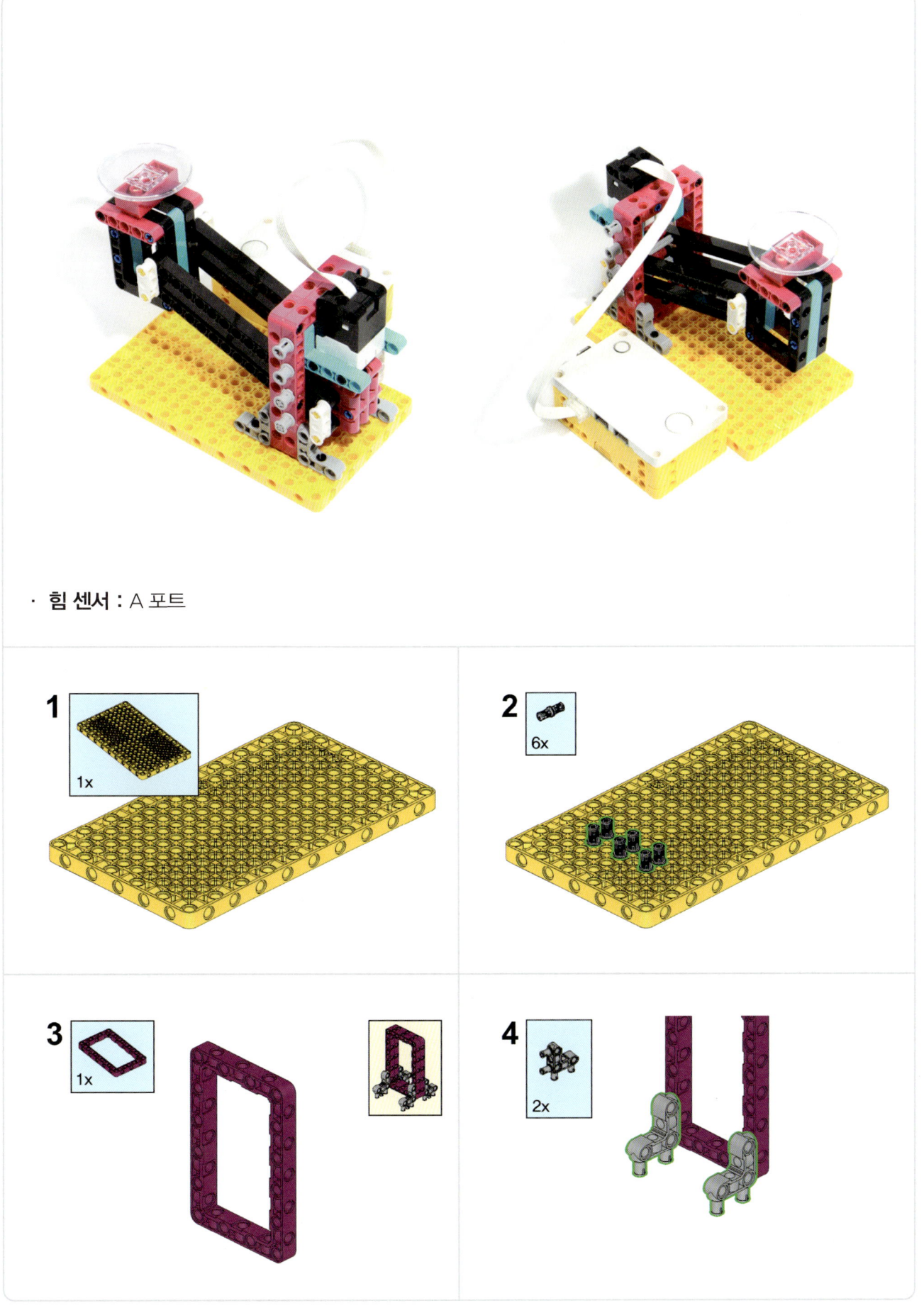

- 힘 센서 : A 포트

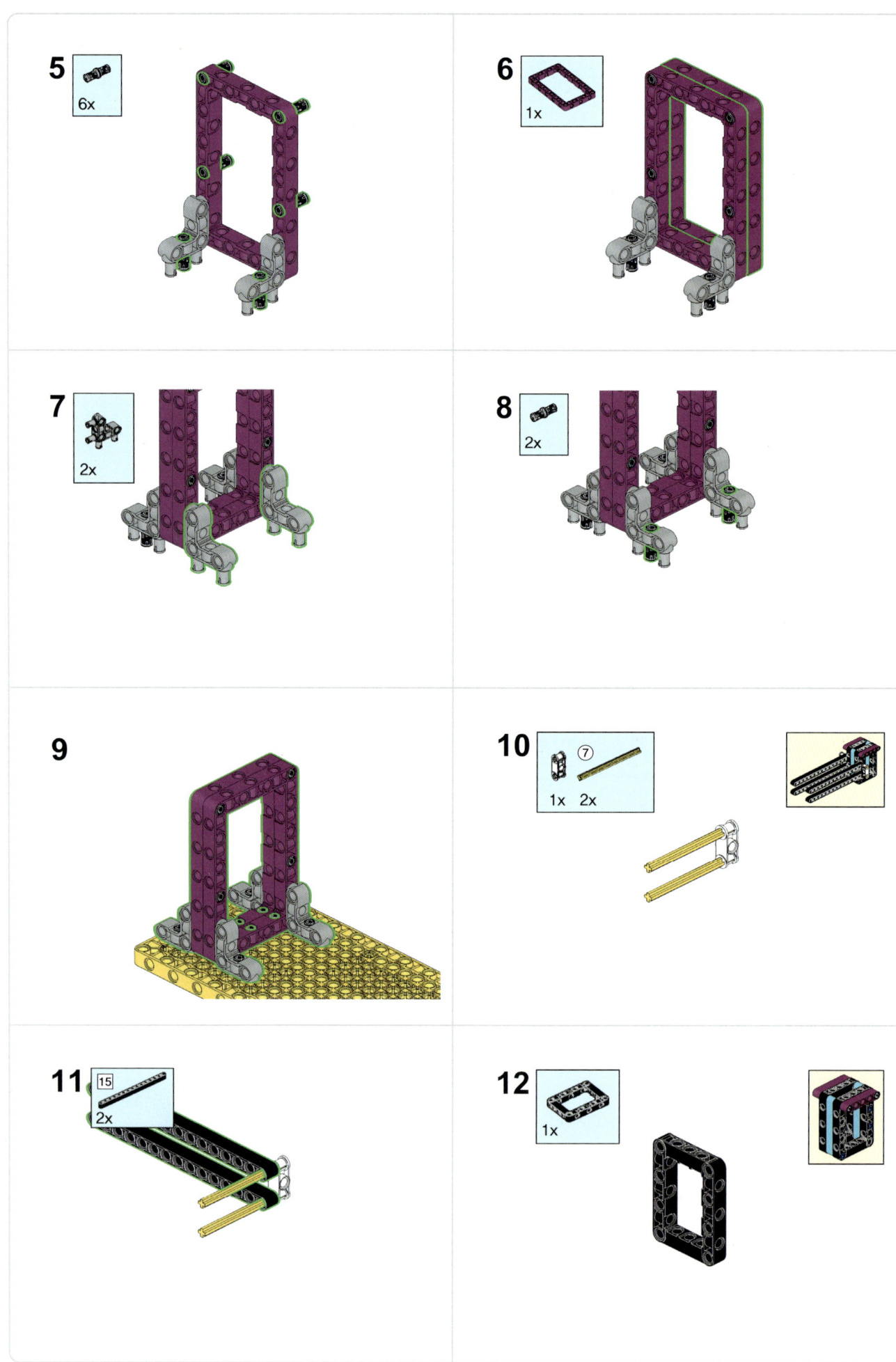

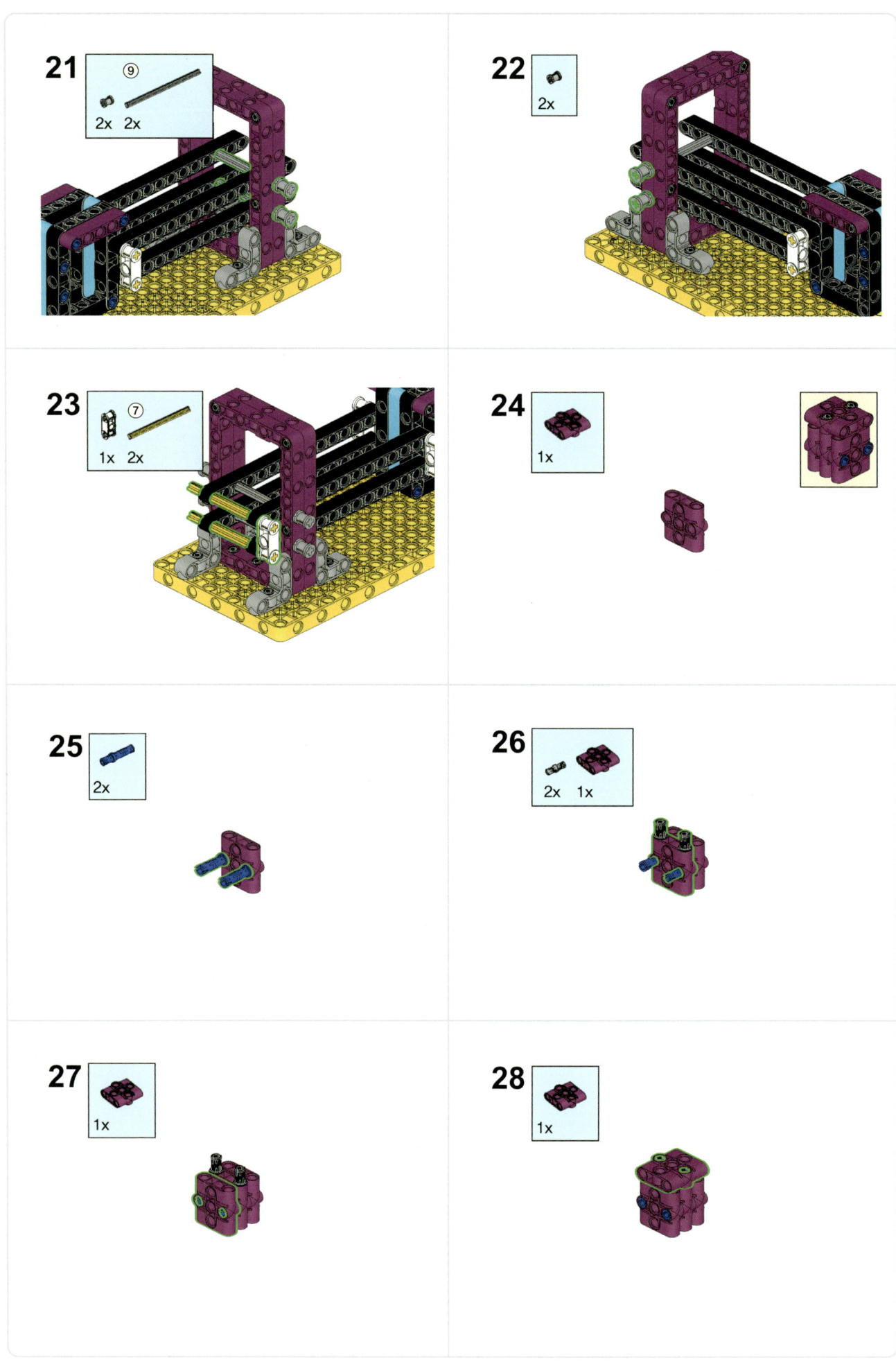

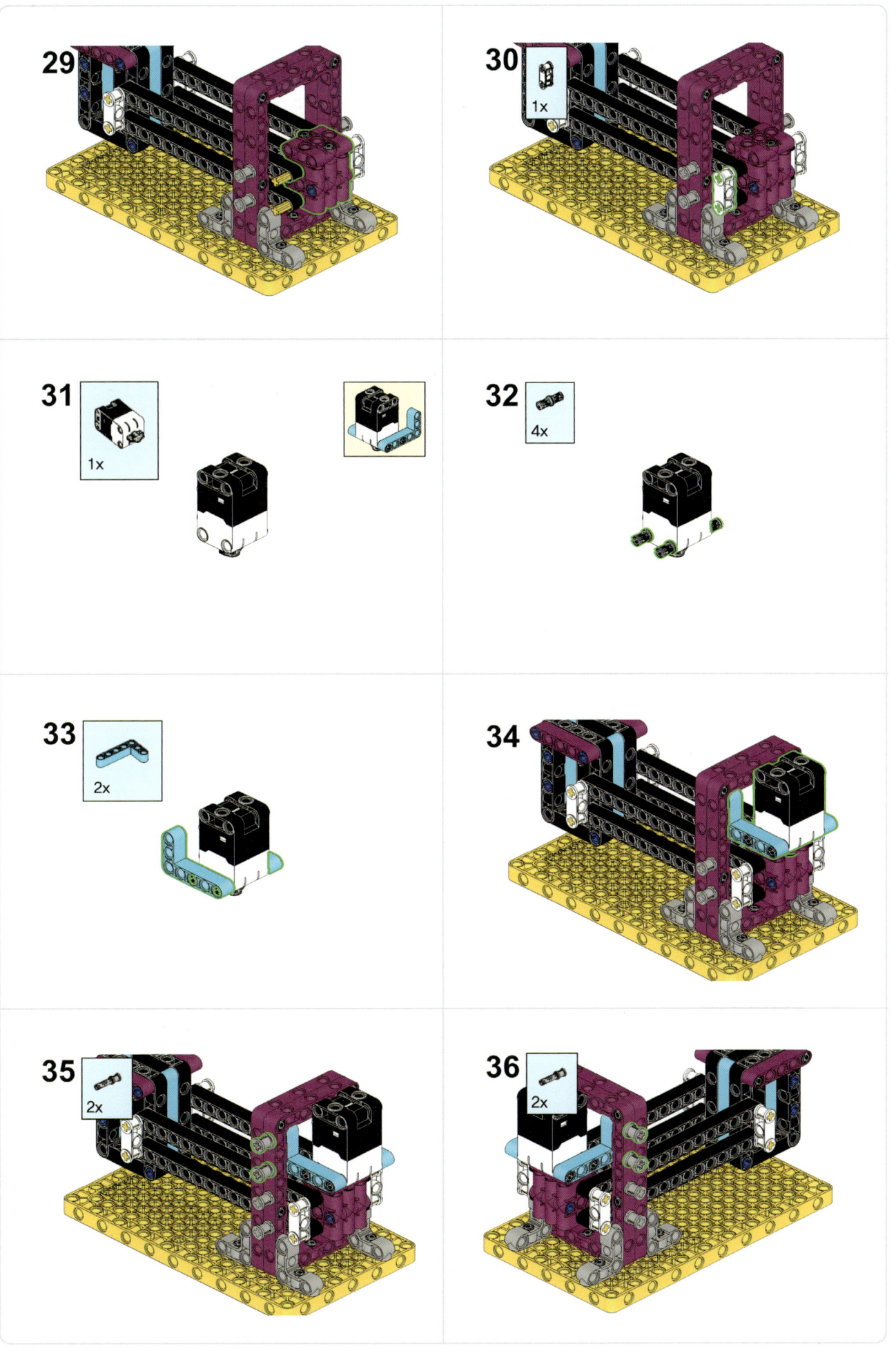

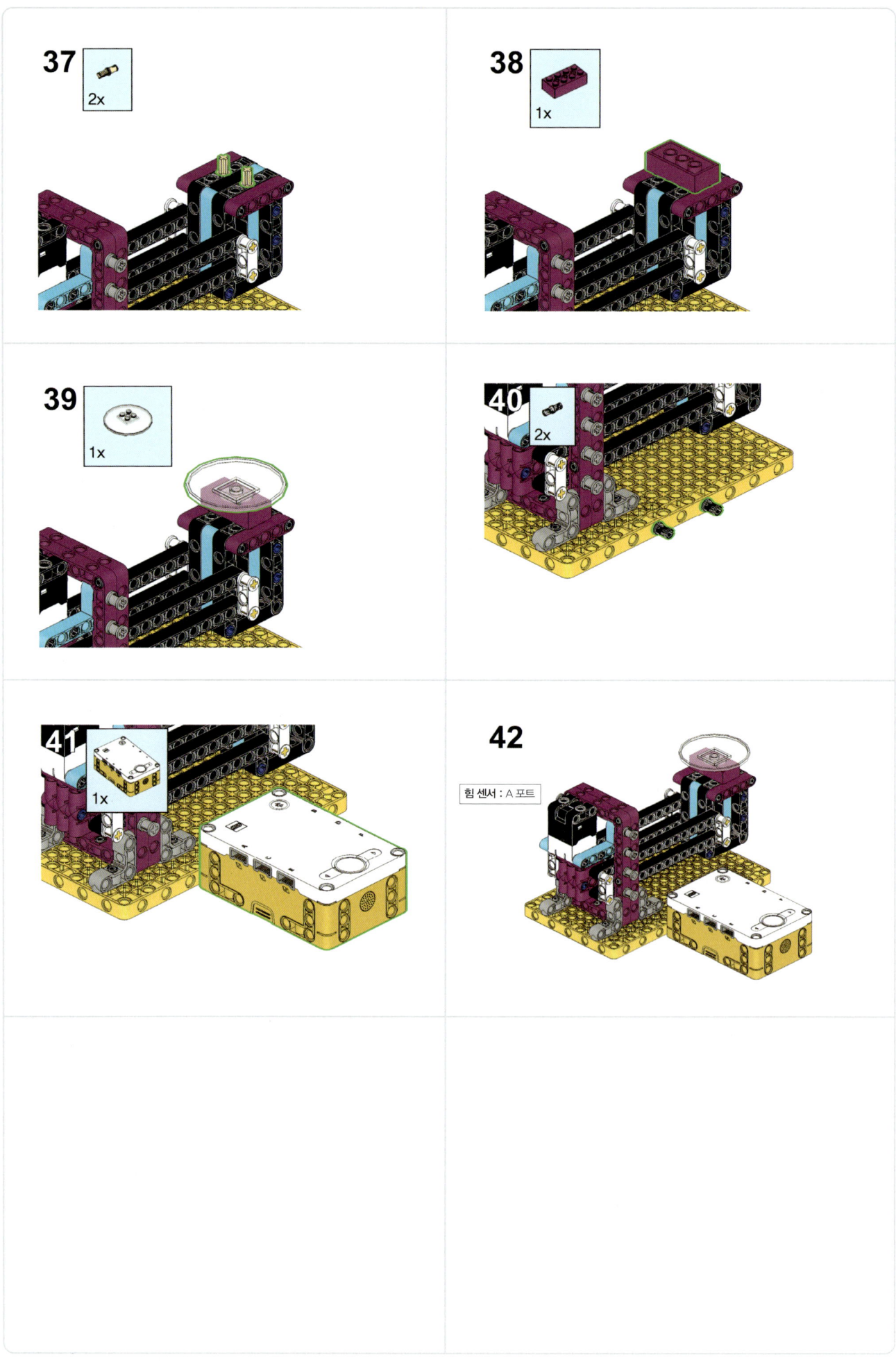

움직여 볼까요?

어떻게 코딩할까요?

- 대기 상태에서 힘 센서를 눌러 '누름'이 되고, 0뉴턴(N)이 입력된다.
- 힘 센서 입력값이 0뉴턴(N)보다 크지 않으면, 허브 LED 창에 스마일 아이콘이 보인다.
- 힘 센서 입력값이 0뉴턴(N)보다 크면, 비프음을 내고 허브 LED 창에 뉴턴(N) 값을 표현해 준다.

어떤 코딩 블록으로 만들까요?

분류	블록	설명
라이트	가운데 버튼 라이트를 흰색 색으로 정하기	허브의 가운데 버튼이 흰색 빛이 납니다.
센서	A 이(가) 누름 인가?	힘 센서의 입력값이 '누름/누르지 않음/강하게 누름(3가지)' 인가? 라는 조건문 블록입니다.
센서	A 에 가해진 newton 단위의 압력	힘 센서의 입력된 0~10까지 뉴턴(N) 값을 변수로 이용합니다.
연산	A 에 가해진 newton 단위의 압력 > 0	힘 센서로 입력되는 뉴턴(N) 값이 0보다 큽니까? 라는 조건문입니다.
제어	만약 A 에 가해진 newton 단위의 압력 > 0 (이)라면 / 아니면	만약 힘 센서에 입력되는 뉴턴(N) 값이 0보다 크면 첫 번째 줄을 실행하고, 0보다 크지 않다면 두 번째 줄을 실행합니다.

이렇게 코딩해요.

① 사용 전 힘 센서의 현재 상태가 '누름'인지 아닌지 확인하기

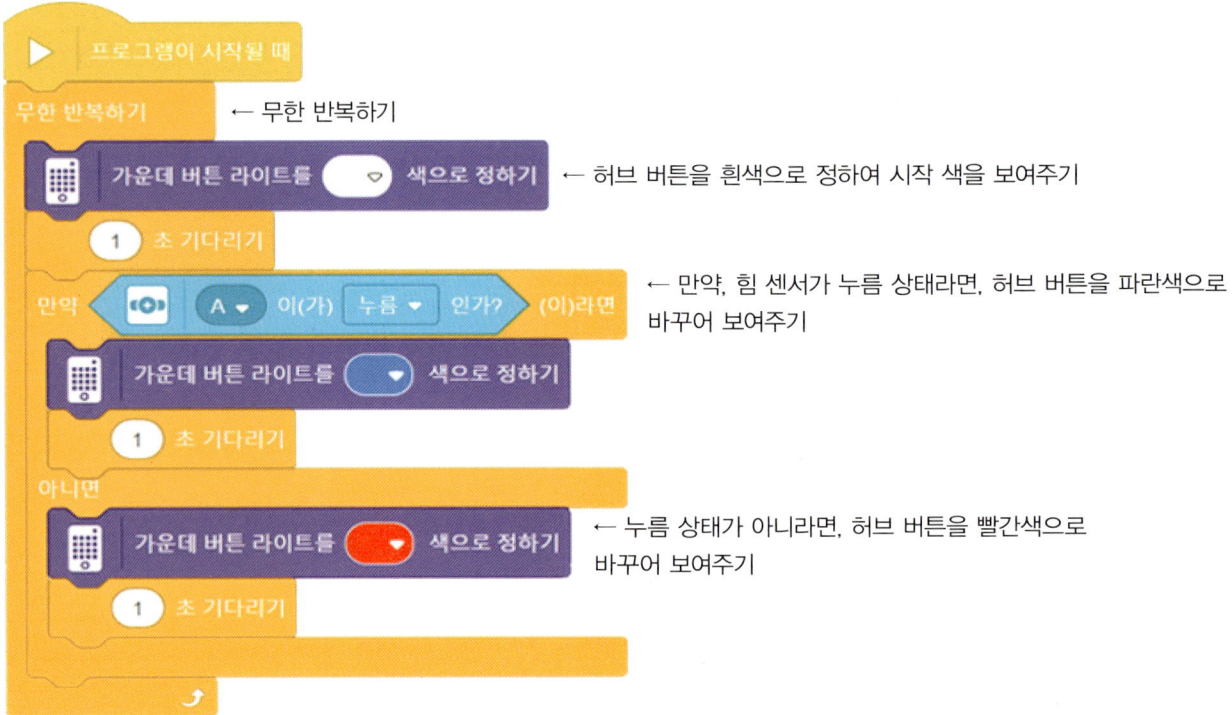

② 사용 전 힘 센서의 '눌림' 상태와 '뉴턴(N) 단위'의 입력값을 비교하기

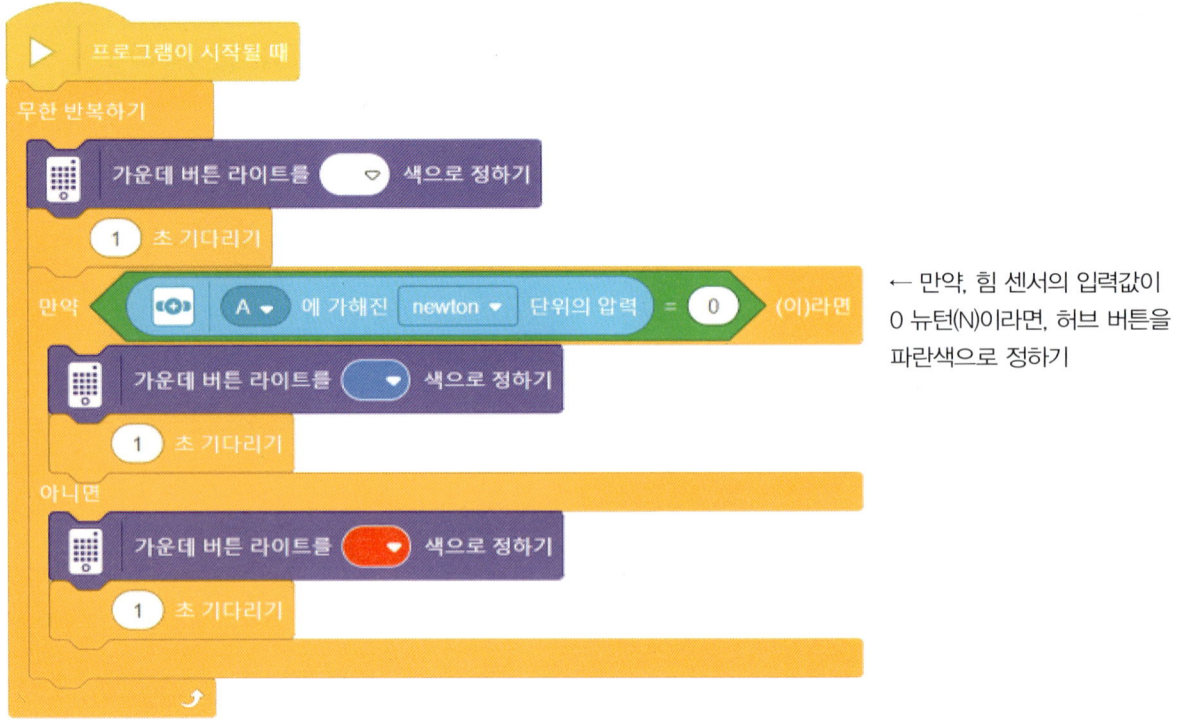

③ 물체를 올려서 힘 센서 입력값이 0보다 크면, LED로 숫자를 보여주기

Q. 아래에 있는 부품의 무게를 예상해보고, 측정해봅시다.

스파이크 부품				
예상값				
측정값				

Level ⭐ 더 무거운 물건을 측정할 수 있도록 모형을 변형 할 수 있나요?

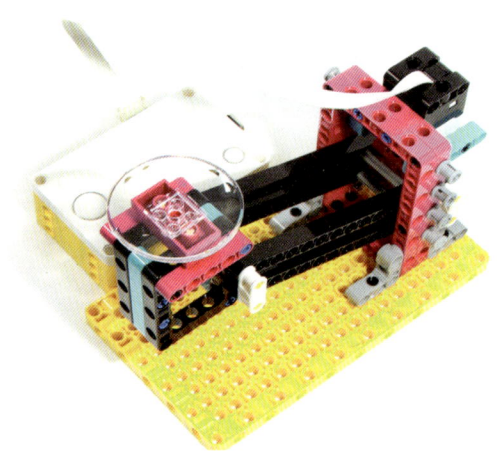

Activity ♥ 우리 교실의 다양한 물건의 무게를 알아 볼까요?

교실 물건	( )	( )	( )	( )
예상값				
측정값				

Activity ♥♥ 다양한 크기의 분동(무게추)들을 저울로 측정해 무게가 LED에 숫자로 나타날 수 있도록 코딩을 바꿔볼까요?

Memo

전자 각도기를 만들어 볼까요?

주 제 전자 각도기를 만들어 각을 측정해 보고, 각도의 합을 자동으로 계산해 봅시다.
과 목 수학 4-1 2단원 각도

▶ 오늘 수학 시간에 무얼 만들까요?

우리가 길을 걷다 보면 경사가 완만한 길도 있고 경사가 급한 길도 있습니다. 또는 주위에서 볼 수 있는 여러 물체의 각이 크다 혹은 작다고 말하기도 합니다.

수학에서는 각의 크기를 '각도'라고 합니다.

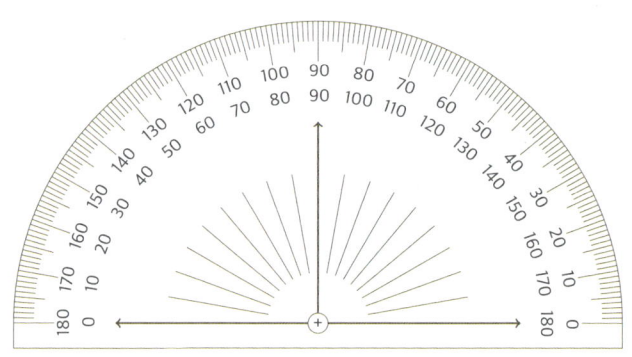

서로 다른 각의 크기를 비교하는 방법은 어떤 것들이 있을까요?
오늘은 각도를 자동으로 읽어주는 장치를 만들어 봅시다.

각도기 사용 방법
크기를 재는 각의 꼭짓점을 각도기의 중심에 맞추고, 각의 한 변과 각도기의 밑 금이 겹치도록 포갠 후에, 각도기의 숫자를 읽어서 확인할 수 있습니다.

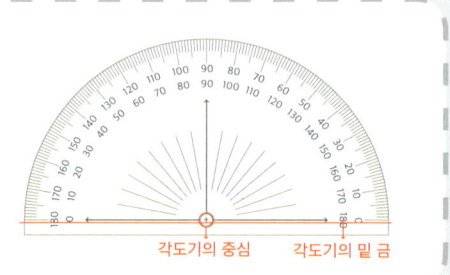

오늘은 어떤 장치를 만들까요?

 어떻게 움직이게 만들까요?

| 미디엄 모터를 바닥판에 고정한다. | 미디엄 모터에 빔을 연결하여 오른쪽에서 왼쪽으로 180도까지 돌아간다. | 측정할 각도 위에서 빔을 돌려 빔의 안쪽면에 맞추고, 힘 센서를 눌러 각도를 측정한다. |

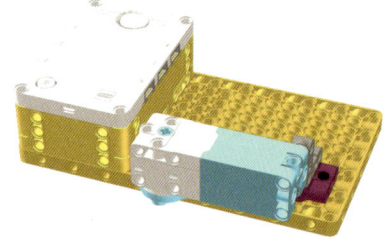  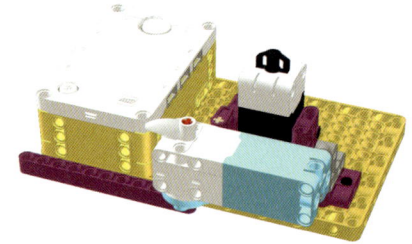

어떤 부품이 필요할까요?

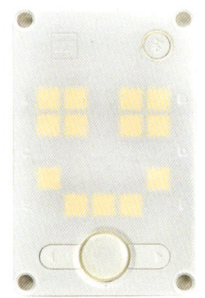 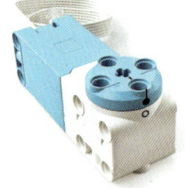 

레고® 테크닉 라지 허브   레고® 테크닉 미디엄 앵글 모터   레고® 테크닉 힘 센서

허브 : 25개의 LED에 각도 측정 전 대기하는 아이콘과 측정된 각도를 숫자로 표현할 수 있습니다.

미디엄 모터 : 모터가 회전하는 각도를 0도에서 180도까지 인식하여 입력 장치로 사용할 수 있습니다.

힘 센서 : 힘 센서는 '누르지 않음'과 '누름', '강하게 누름' 신호를 만들어주는 스위치 역할을 합니다.

이렇게 만들어요.

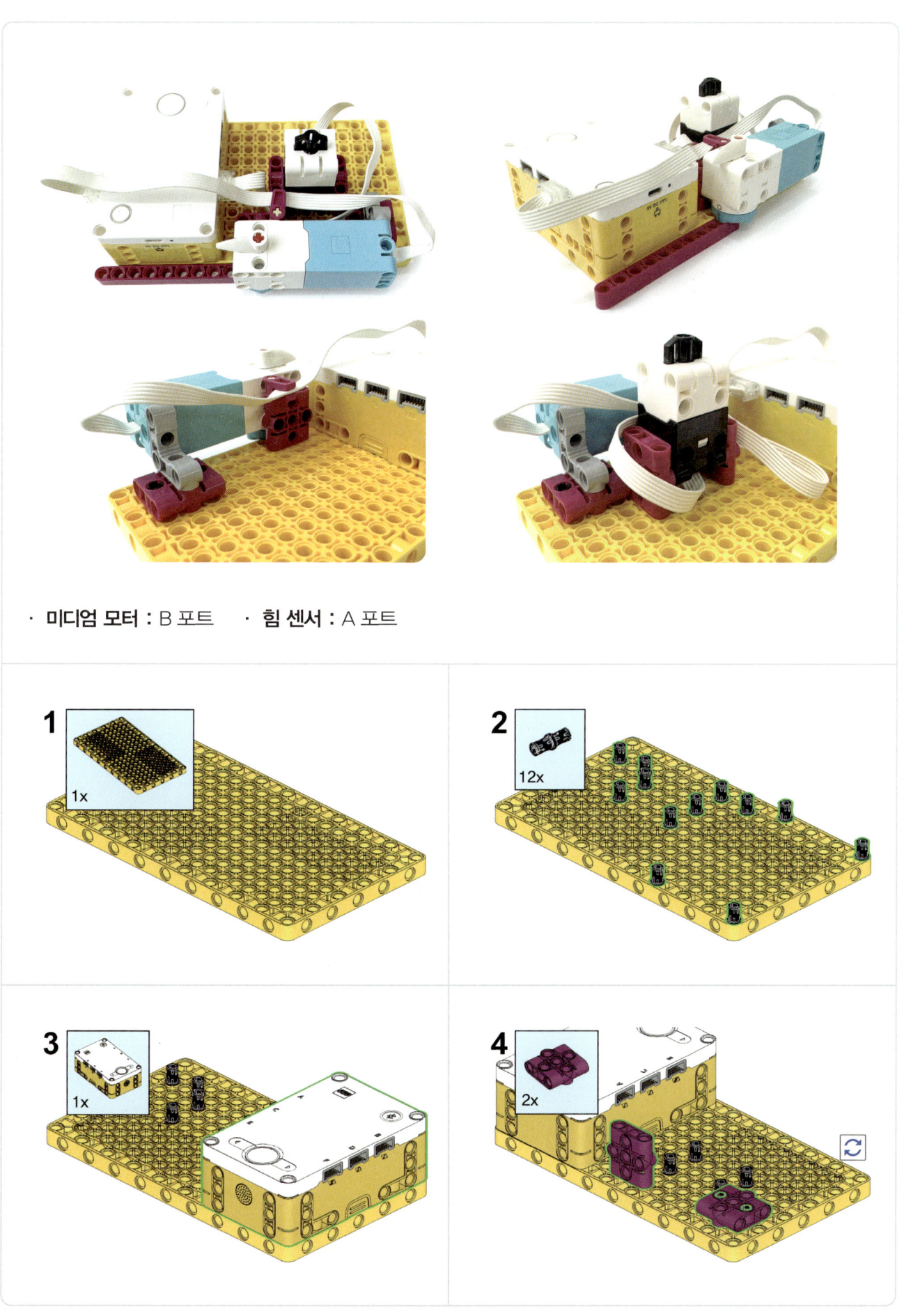

- 미디엄 모터 : B 포트
- 힘 센서 : A 포트

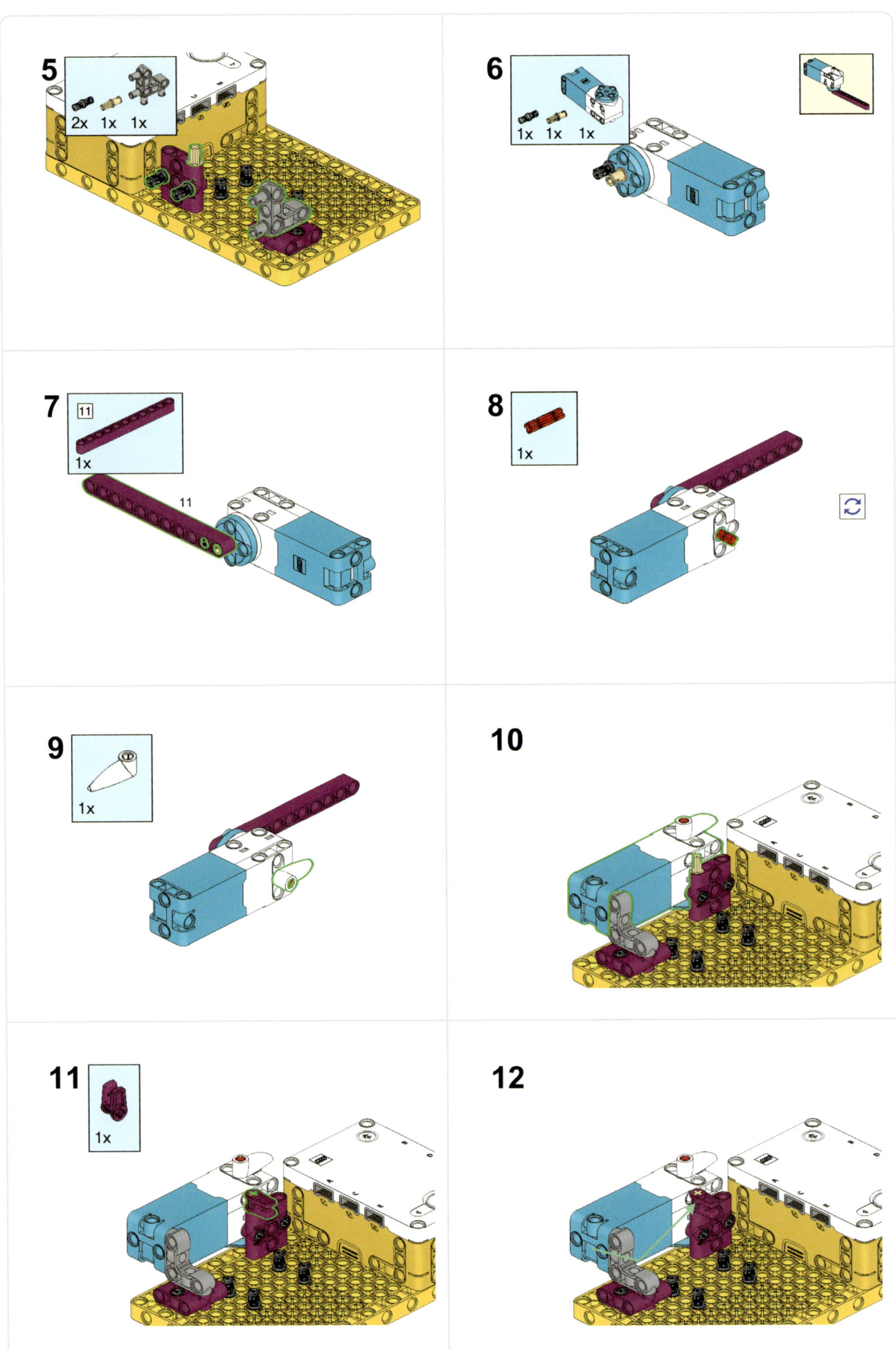

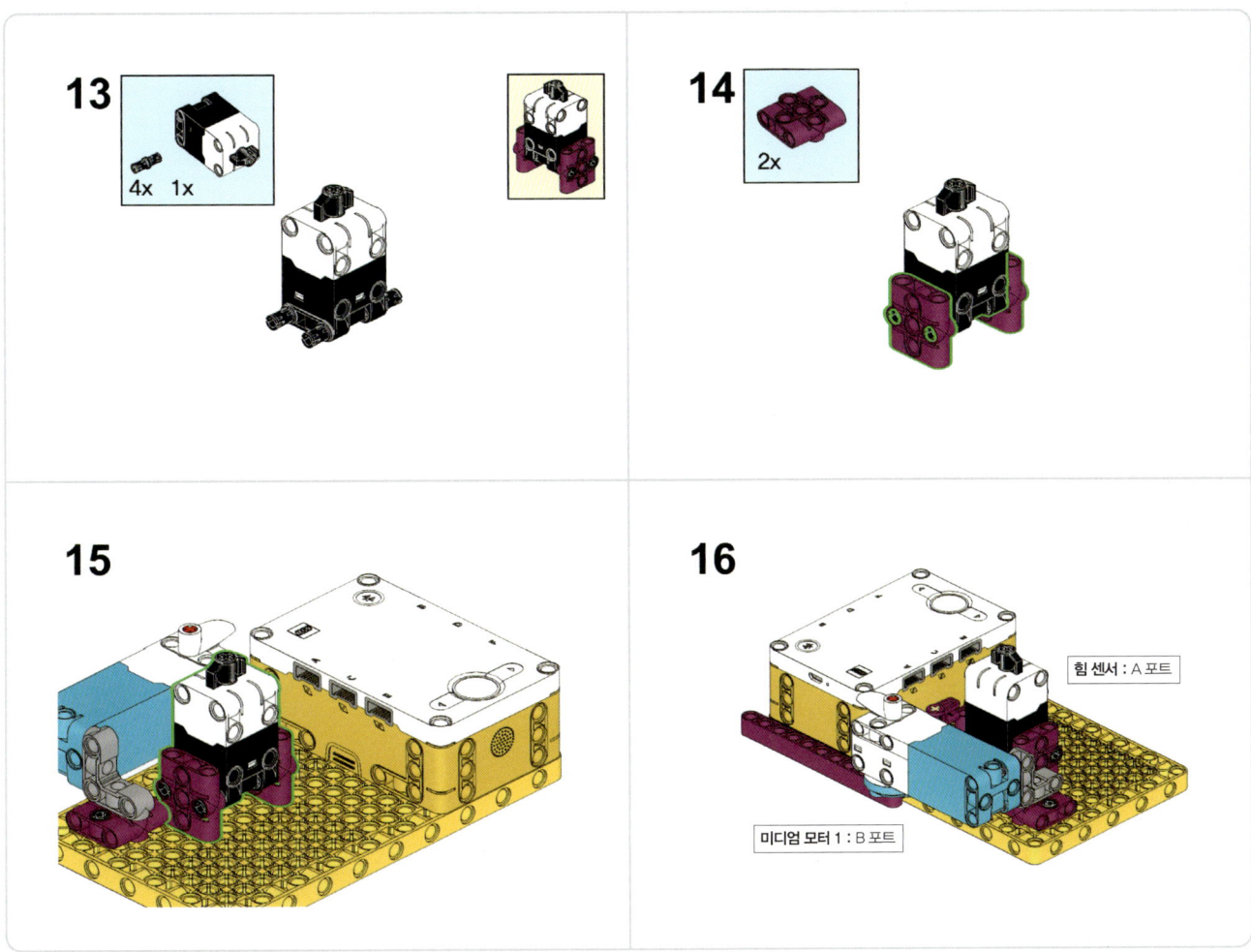

움직여 볼까요?

어떻게 코딩할까요?

- 힘 센서가 눌리며 신호가 입력되면, 모터를 반 시계 방향으로 움직여서 초기 위치로 이동시킨다.
- 모터의 초기 위치를 0도로 정하고, 출력을 0%로 만들어 손으로 움직이기 쉽게 한다.
- 원하는 각도에 맞게 빔을 돌린 후 힘 센서를 세게 누르면, 삐 소리와 함께 모터의 현재 각도를 LED 창에 반복해서 나타낸다.

어떤 코딩 블록으로 만들까요?

분류	블록	설명
모터	B▼ 모터 30 %로 속도 정하기	미디엄 모터의 이동속도를 30%로 정하여 천천히 움직이게 합니다.
	B▼ 반시계방향▼ 방향으로 0 까지 이동하기	미디엄 모터를 각도 0도 위치까지 반 시계 방향으로 이동합니다.
	B▼ 위치	미디엄 모터의 위치에 따라 0도에서 360도의 값을 가지는 변수입니다.
모터 추가메뉴	B▼ 모터 0 도로 정하기	미디엄 모터의 현재 위치를 각도 0도로 정하여 초기화 합니다.
모터	B▼ 모터 0 % 출력으로 켜기	미디엄 모터의 출력을 0%로 만들어, 모터를 손으로 돌리기 쉽게 해줍니다.
라이트	B▼ 위치 쓰기	허브 LED 창에 모터의 위치값 (0~360도 사이의 각도)을 나타냅니다.
제어 + 센서	A▼ 이(가) 강하게 누름▼ 인가? 까지 기다리기	힘 센서가 스위치 역할로 '강하게 누름' 상태가 될 때까지 다음 코드로 넘어가지 않고 기다립니다.
	만약 A▼ 이(가) 누름▼ 인가? (이)라면 아니면	힘 센서가 스위치 역할로 '누름' 상태라면 첫 번째 줄을 실행하고, '누름' 상태가 아니라면 두 번째 줄을 실행합니다.
변수	각도▼ 을(를) 각도 + B▼ 위치 로 정하기	변수 [각도]는 자기가 가지고 있던 값과 새로 측정된 값이 추가되어 총 합으로 저장됩니다.

이렇게 코딩해요.

① 측정하려는 각도에 각도기의 빔을 맞추고, 각도를 LED의 숫자로 확인하기

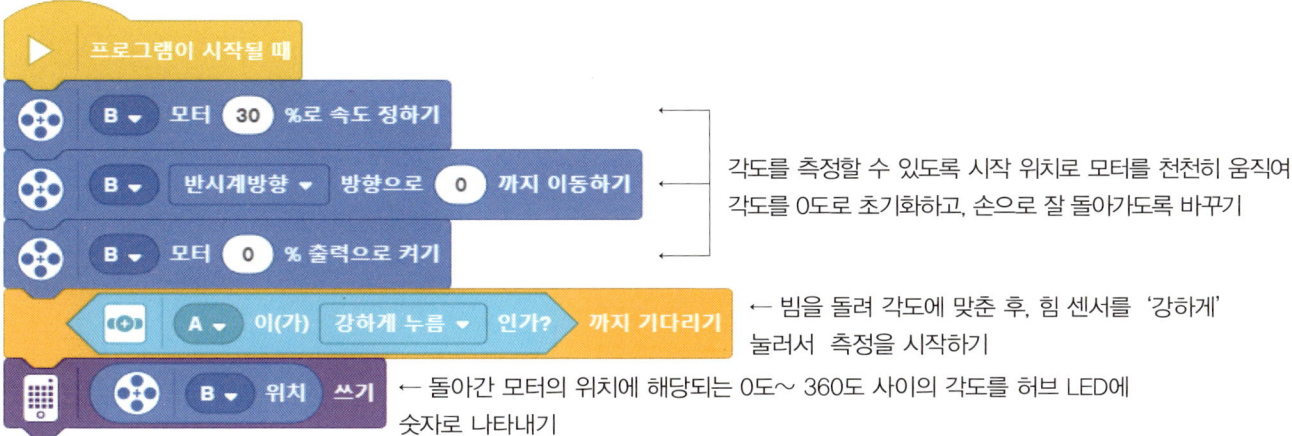

② 힘 센서를 스위치로 이용하여, 각도를 반복하여 측정하기

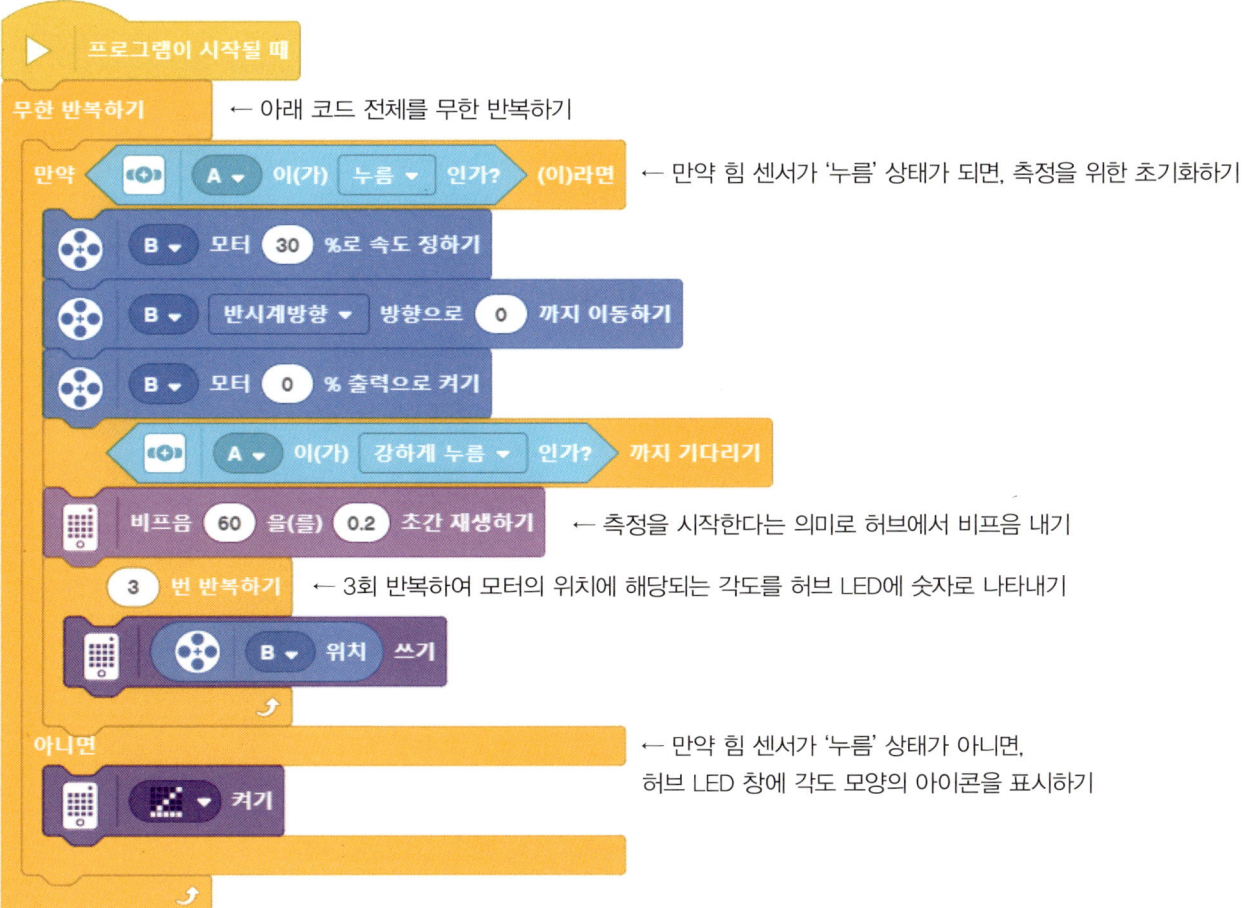

Q. 아래의 각도를 전자 각도기로 측정해 보세요.

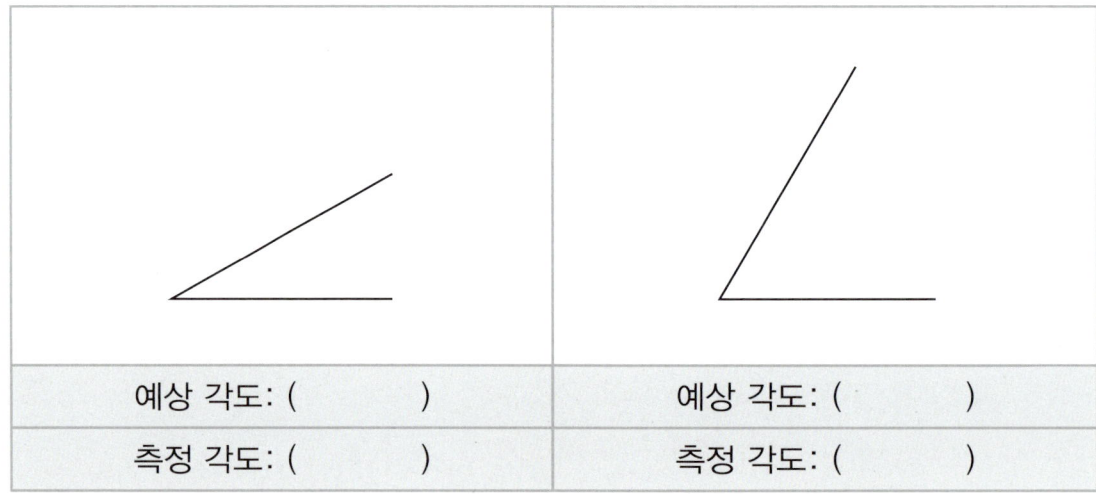

예상 각도: (	)	예상 각도: (	)
측정 각도: (	)	측정 각도: (	)

③ 두 개 이상의 각도를 합하여 보여주는 자동 각도 계산기 만들기

- 프로그램이 시작될 때
- Start 쓰기 ← [Start]라고 LED 창에 표시하며 시작을 알리기
- B 모터 30 %로 속도 정하기
- B 반시계방향 방향으로 0 까지 이동하기
- B 모터 0 % 출력으로 켜기
- 각도 을(를) 0 로 정하기 ← 각도라는 변수 시작 값을 0으로 초기화 하기
- 더하기 신호 보내기 ← [더하기]라는 신호를 보내주어 측정을 시작하게 하기

- 더하기 신호를 받았을 때 ← [더하기] 신호를 받으면 아래 코드를 시작하기
- 무한 반복하기
  - A 이(가) 강하게 누름 인가? 까지 기다리기 ← 빔을 돌려 각도에 맞춘 후, 힘 센서를 '강하게' 눌러서 측정을 시작하기
  - 비프음 60 을(를) 0.2 초간 재생하기
  - 각도 을(를) 각도 + B 위치 로 정하기 ← 변수 [각도]가 가지고 있던 값에 추가로 방금 측정된 각 더해서 변수를 바꾸어주기
  - 3 번 반복하기 ← 3회 반복하여 각도 값을 LED에 숫자로 나타내기
    - 각도 쓰기

도전해 볼까요?

Level ⭐ 코딩을 바꿔 두 각도의 '차'를 계산하는 전자 각도기를 만들 수 있나요?

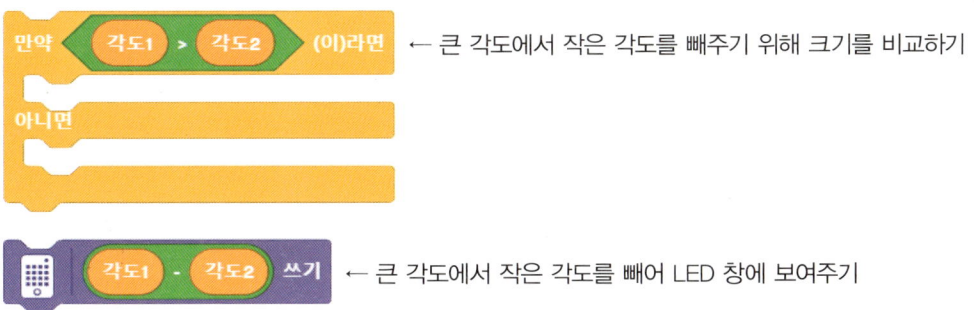

Level ⭐⭐ 전자 각도기의 막대기가 펼쳐짐에 따라 허브 LED 창에 각도가 그려지도록 코딩을 바꿀 수 있나요?

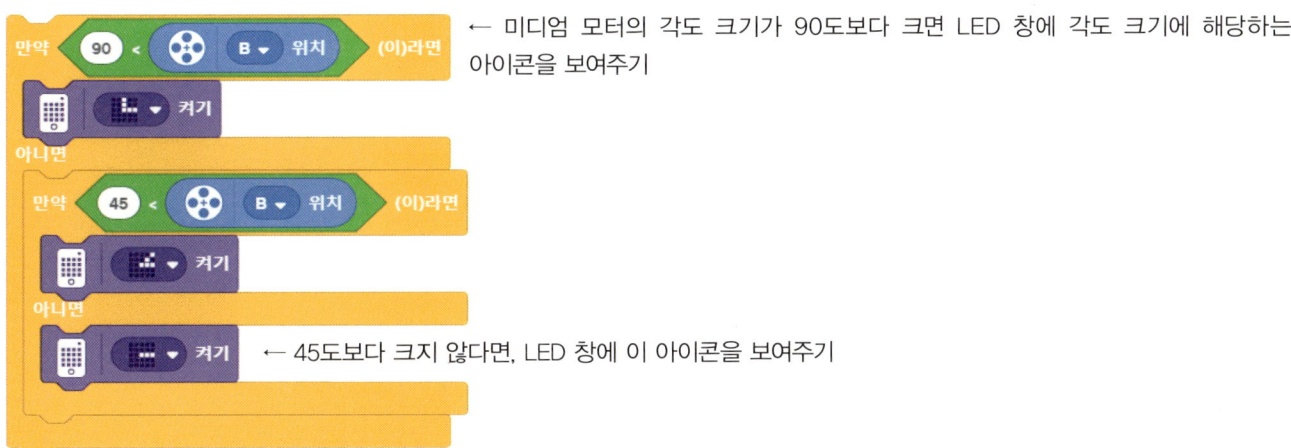

Activity ❤ 스파이크 프라임의 브릭으로 다양한 삼각형을 만들어 내각을 측정해 볼까요?

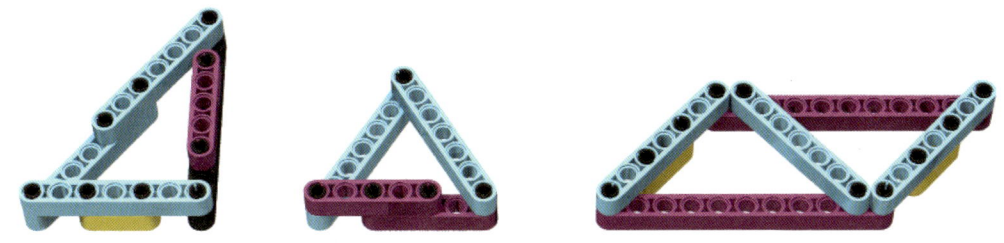

Activity ❤❤ 전자 각도기를 이용하여 교실에 있는 물체들의 각도를 측정해 볼까요?

물체	( )	( )	( )	( )	( )
예상 각도					
측정 각도					

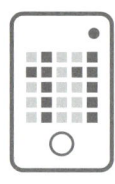

지구와 달은 어떻게 움직일까요?

주 제 지구와 달의 운동 모형을 만들어 보고, 그 움직임을 설명해 봅시다.
과 목 과학 6-1 2단원 지구와 달의 운동

▶ 오늘 과학 시간에 무얼 만들까요?

지구는 우주 공간에서 빠르게 움직이고 있어요. 아침이면 동쪽에서 해가 뜨고, 밤이 되면 서쪽으로 해가 지는 모습에서 마치 태양이 움직이는 것처럼 보이지만, 사실은 지구가 움직이고 있어요.

우리가 차를 타고 창밖을 볼 때, 나무가 빠르게 움직여 보이는 것과 같아요.

주변이 어두운 산이나 숲속에서 밤하늘을 가만히 올려다보면 수많은 별이 보입니다.

그중 북극성이라는 밝은 별을 찾아 밤하늘을 긴 시간 사진으로 찍어서 보면, 마치 별들은 원을 그리듯 돌아가요. 이것도 지구가 움직이고 있기 때문이지요.

오늘은 지구와 달의 움직임을 알아보고 지구와 달의 운동 모형을 만들어 봅시다.

오늘은 어떤 장치를 만들까요?

어떻게 움직이게 만들까요?

- 라지 모터를 넓은 바닥판 가운데 고정하고, 모터의 반대쪽에 긴 빔을 고정하여 모터와 함께 돌아가게 한다.

- 모터에 큰 기어를 고정하여 중심이 되도록 하고, 긴 빔 위에 크고 작은 8개의 기어를 빔의 위아래에 연결한다.

- 모터 뒤편에 허브를 올려두고, 그 위에 힘 센서를 올린다. 컬러 센서는 긴 빔 끝부분에 설치한다.

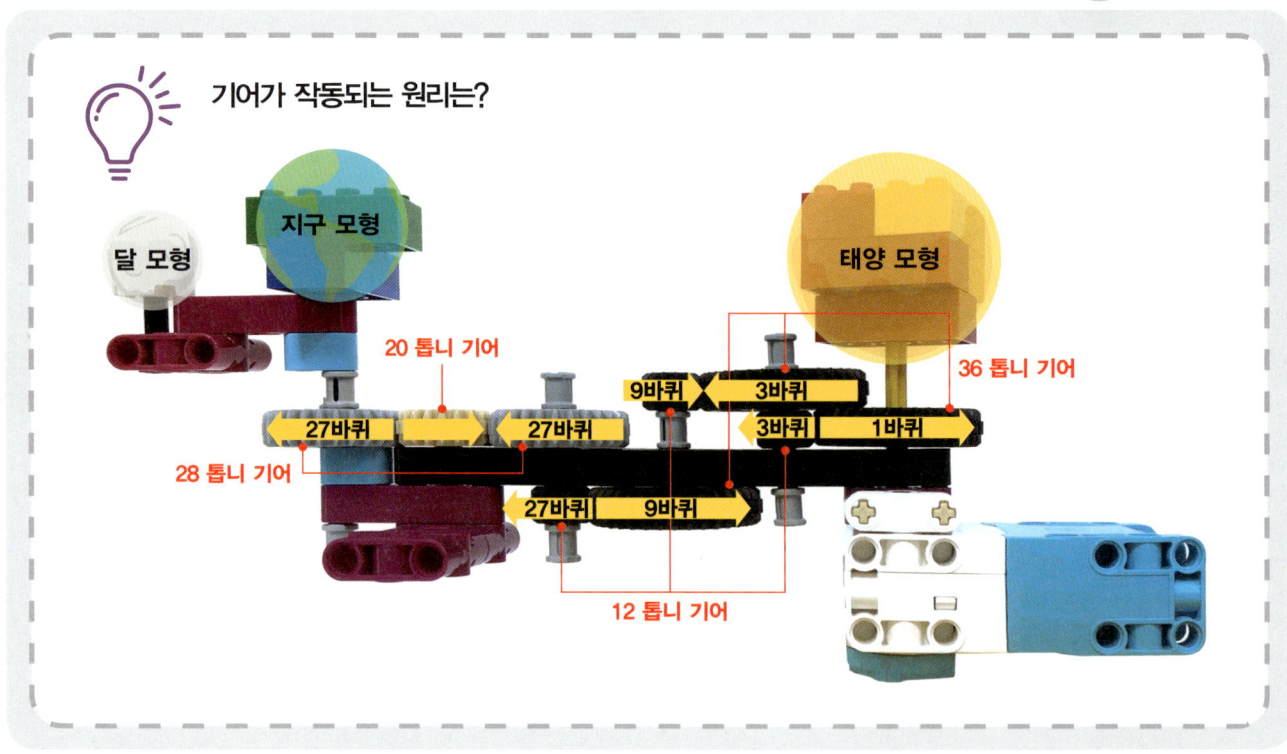

기어가 작동되는 원리는?

어떤 부품이 필요할까요?

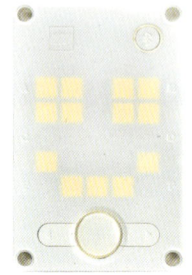
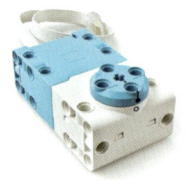

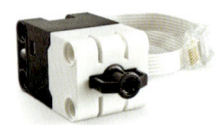

| 레고® 테크닉 라지 허브 | 레고® 테크닉 라지 앵글 모터 | 레고® 테크닉 컬러 센서 | 레고® 테크닉 힘 센서 |

허브 : 25개의 LED로 숫자를 표현합니다.
라지 모터 : 바퀴를 움직이게 하는 출력뿐만 아니라, 모터의 회전각을 0도에서 360도까지 인식하여 입력값으로 사용할 수 있습니다.
힘 센서 : 힘 센서는 '누름'과 '누르지 않음'으로 스위치 역할을 합니다.
컬러 센서 : 컬러 센서는 특정한 색을 가진 브릭이 있고 없음을 감지합니다.

이렇게 만들어요.

- 라지 모터 : B 포트
- 힘 센서 : A 포트
- 컬러 센서 : C 포트

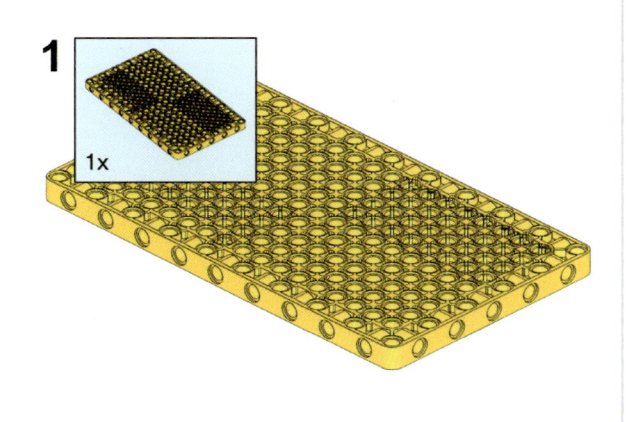
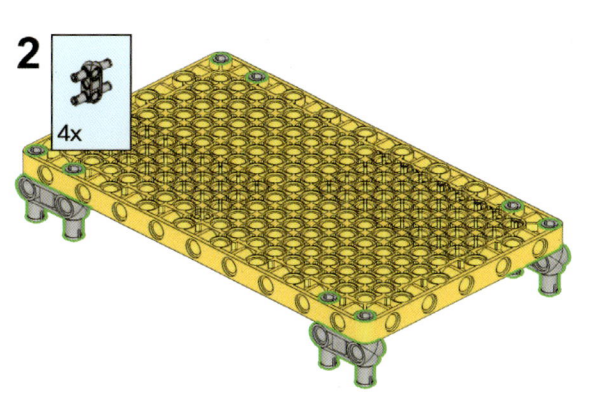

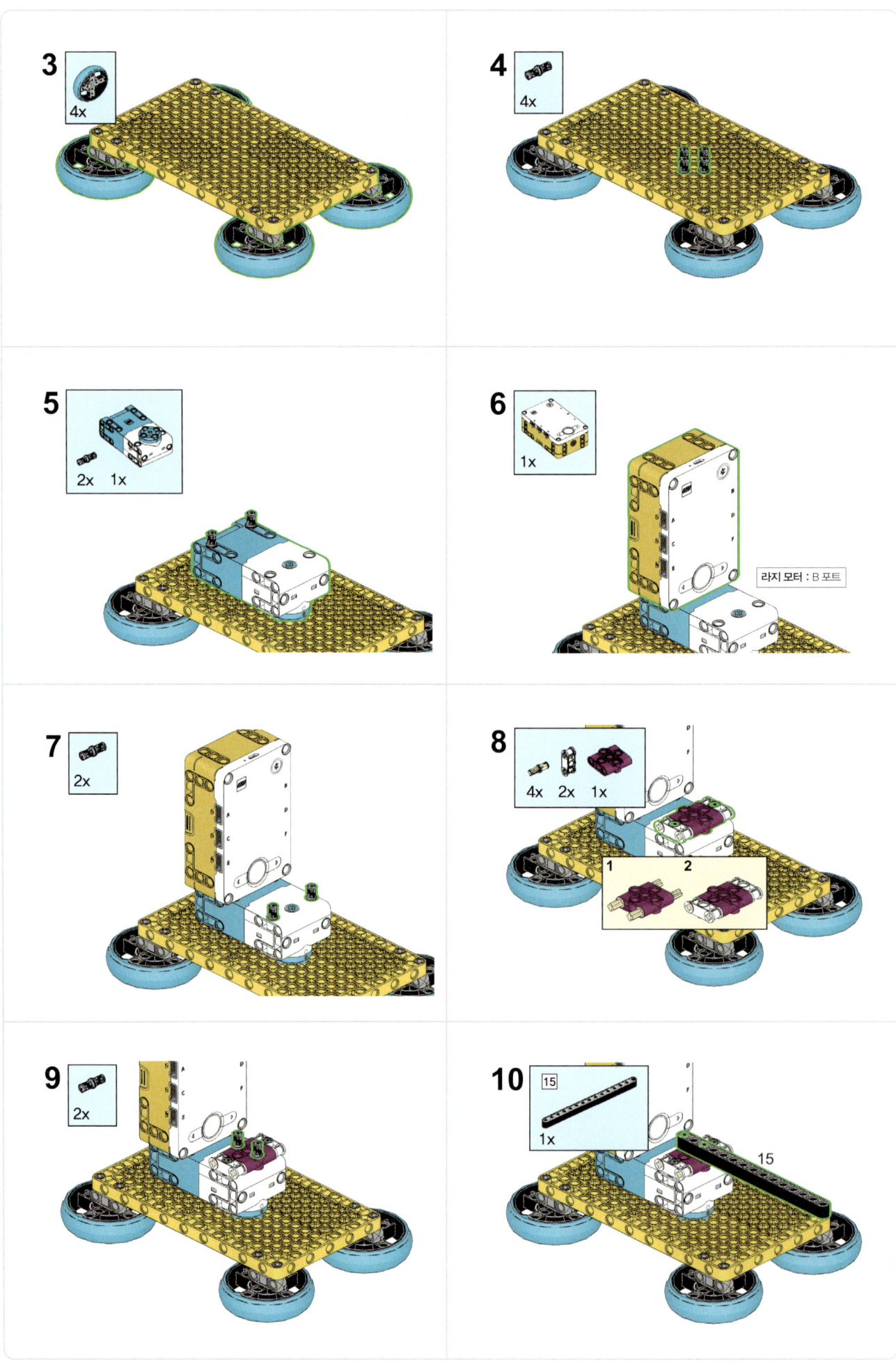

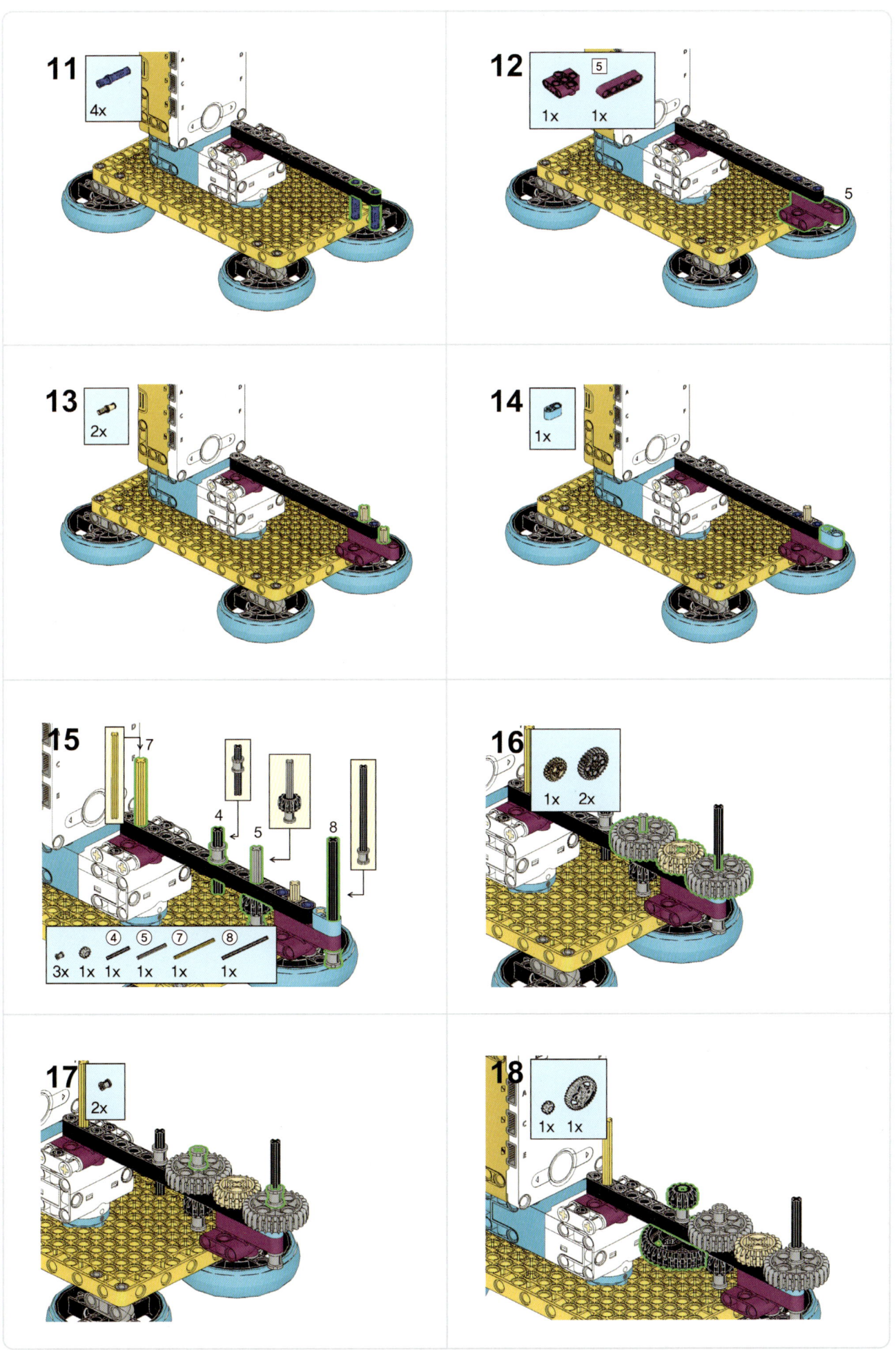

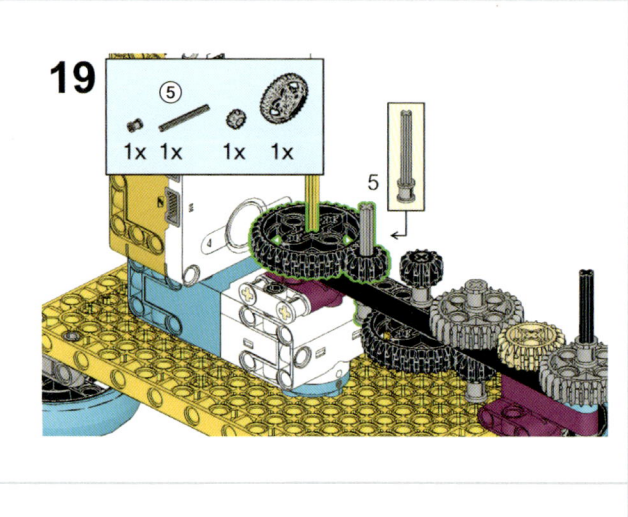
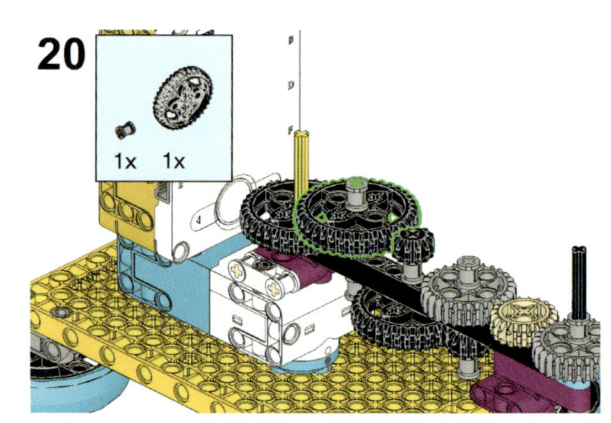
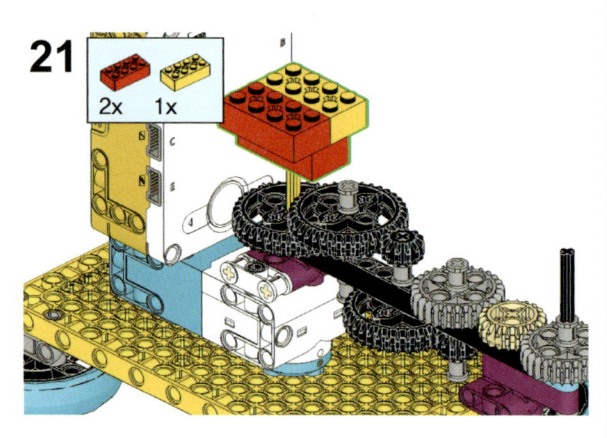
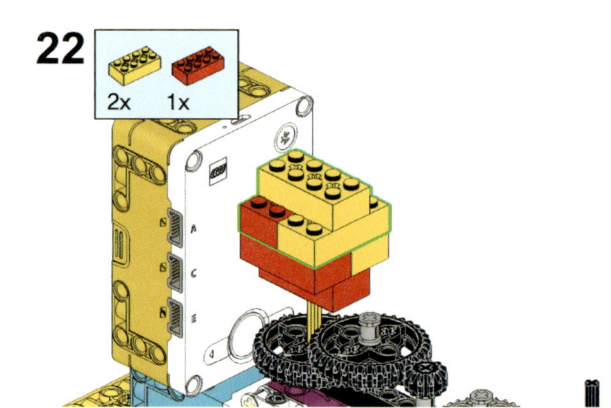

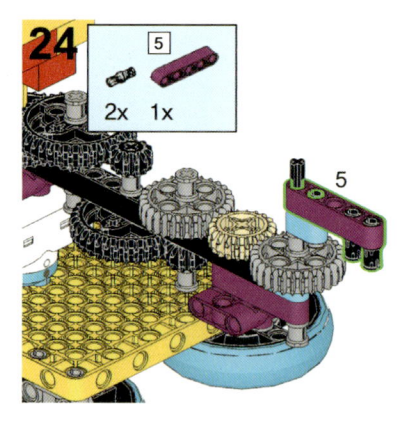
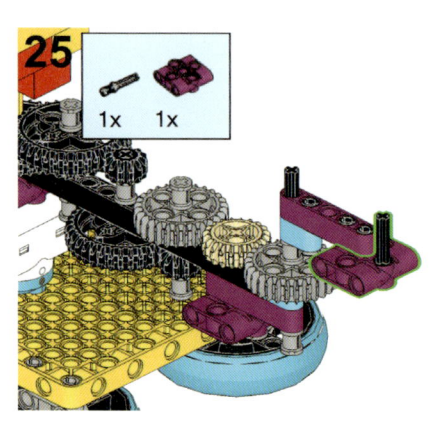
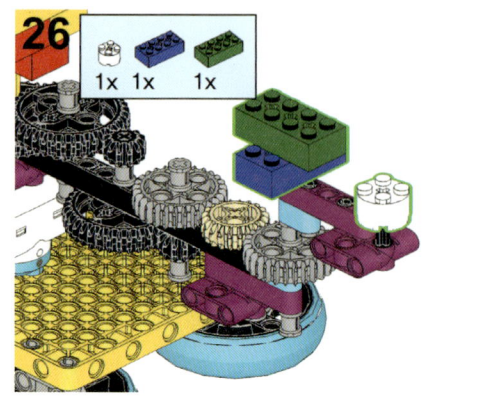

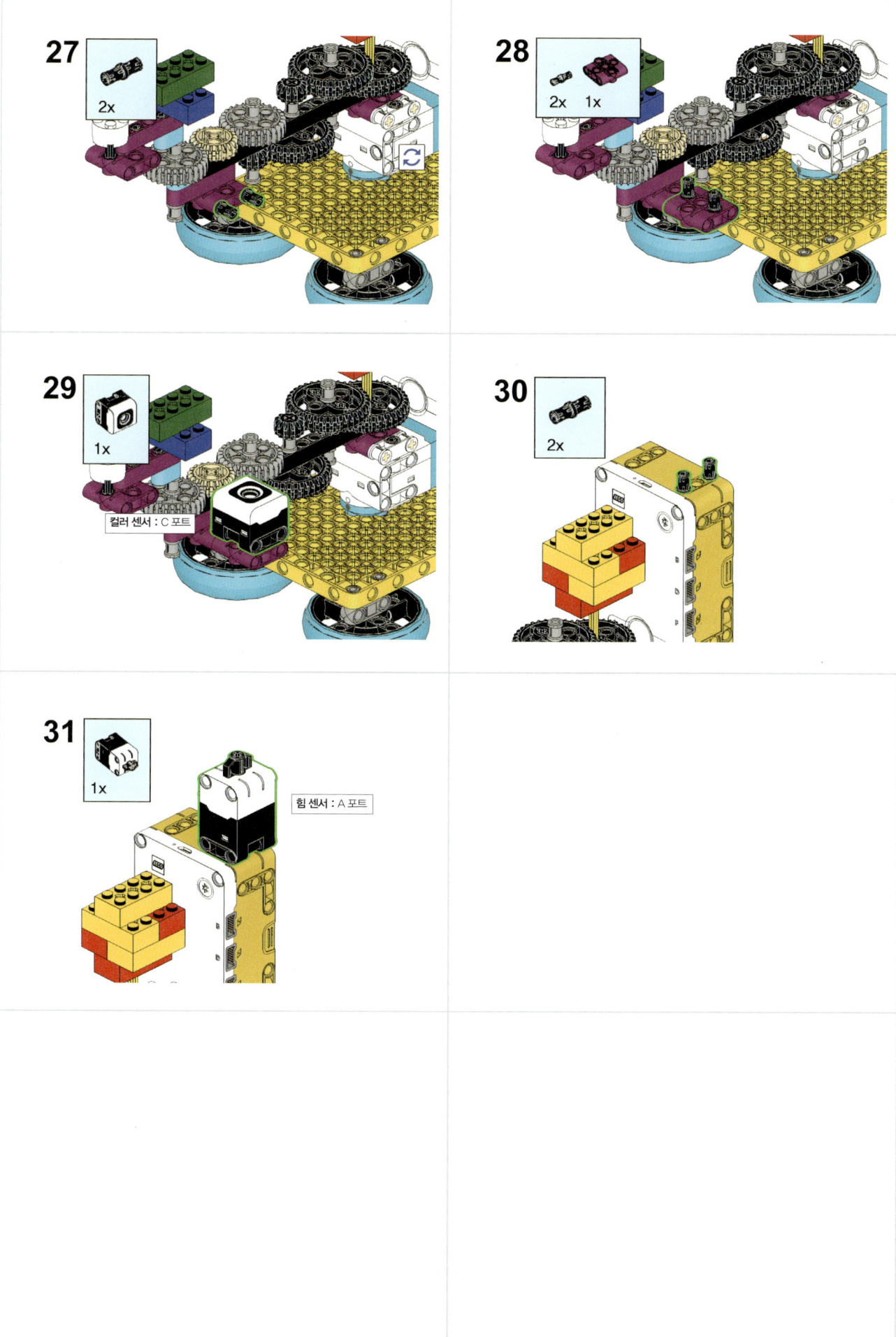

움직여 볼까요?

어떻게 코딩할까요?

- 허브 버튼이 빨간색이 되고 '도' 음이 나면서 시작을 알리며, '출발' 신호를 발생시킨다.

- 모터는 2%의 속도로 시계 반대 방향으로 돌아가는데, 힘 센서 '누름' 신호를 받으면 속도가 1%씩 올라간다.

- 컬러 센서에 자주색이 입력될 때마다 자전 횟수가 1씩 커진다. 힘 센서 '강하게 누름' 신호를 받으면 동작이 멈추며 모든 변수가 0으로 초기화된다.

어떤 코딩 블록으로 만들까요?

분류	블록	설명
모터	B▼ 모터 속도 %로 속도 정하기	모터를 변수 [속도]에 따른 속도로 움직이도록 정합니다. 변수가 변하면 그에 따라 변합니다.
	B▼ 모터 ↺▼ 방향으로 켜기	모터의 회전 방향을 시계 반대 방향으로 움직이도록 하여, 지구 모형이 태양 주위를 시계 반대 방향으로 돌고, 스스로 시계 반대 방향으로 돕니다.
라이트	가운데 버튼 라이트를 빨강▼ 색으로 정하기	허브 가운데 버튼이 빨간색으로 바뀌면서, 작동 중임을 보여줍니다.
	회전수 쓰기	허브 LED 창에 지구 모형이 회전한 수를 숫자로 보여줍니다.
이벤트	출발▼ 신호 보내기	[출발]이라는 메시지를 보내어 다른 이벤트를 시작시킵니다.
	출발▼ 신호를 받았을 때	[출발]이라는 메시지가 발생하면 아래의 프로그램을 시작합니다.
제어	만약 A▼ 이(가) 누름▼ 인가? (이)라면	힘 센서가 스위치 역할로 '누름' 상태라면 아래의 프로그램을 실행합니다.
	만약 A▼ 이(가) 강하게 누름▼ 인가? (이)라면	힘 센서가 스위치 역할로 '강하게 누름' 상태라면 아래의 프로그램을 실행합니다.
	만약 C▼ 의 색상이 ●▼ 인가? (이)라면	컬러 센서에 자주색(1)이 입력되면 아래의 프로그램을 실행합니다.

변수		설명
	속도 을(를) 2 로 정하기	시작할 때 변수 [속도]를 2로(0~100% 사이) 정합니다.
	지구 자전 횟수 을(를) 0 로 정하기	변수 [지구 자전 횟수]의 시작 숫자를 0으로 정합니다.
	속도 을(를) 1 만큼 바꾸기	변수 [속도]에 1씩 커지도록 하여 속도가 점점 빨라지도록 바꿉니다.

이렇게 코딩해요.

① 변수 [속도] 값을 정하여, 이 속도로 지구 모형이 시계 반대 방향으로 움직이게 하기

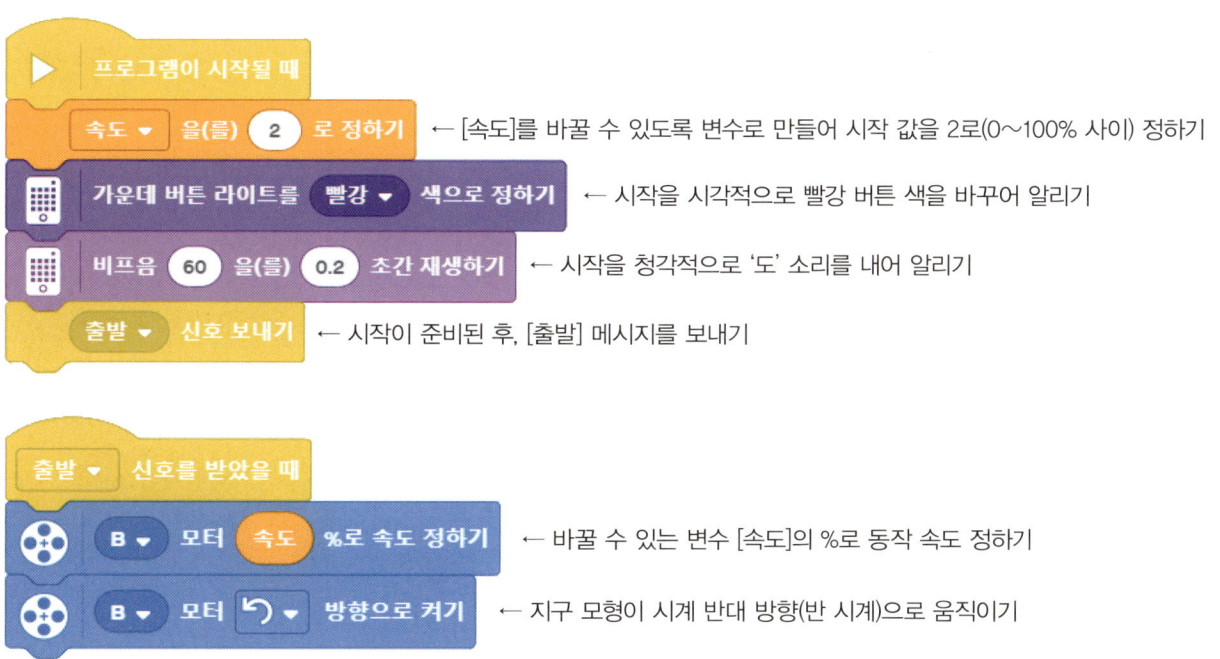

← [속도]를 바꿀 수 있도록 변수로 만들어 시작 값을 2로(0~100% 사이) 정하기
← 시작을 시각적으로 빨강 버튼 색을 바꾸어 알리기
← 시작을 청각적으로 '도' 소리를 내어 알리기
← 시작이 준비된 후, [출발] 메시지를 보내기

← 바꿀 수 있는 변수 [속도]의 %로 동작 속도 정하기
← 지구 모형이 시계 반대 방향(반 시계)으로 움직이기

② 힘 센서를 스위치로 이용하여, 움직이는 속도를 높이거나 멈추게 하기

③ 컬러 센서를 이용하여, 움직이는 지구 모형의 자전 횟수를 세기

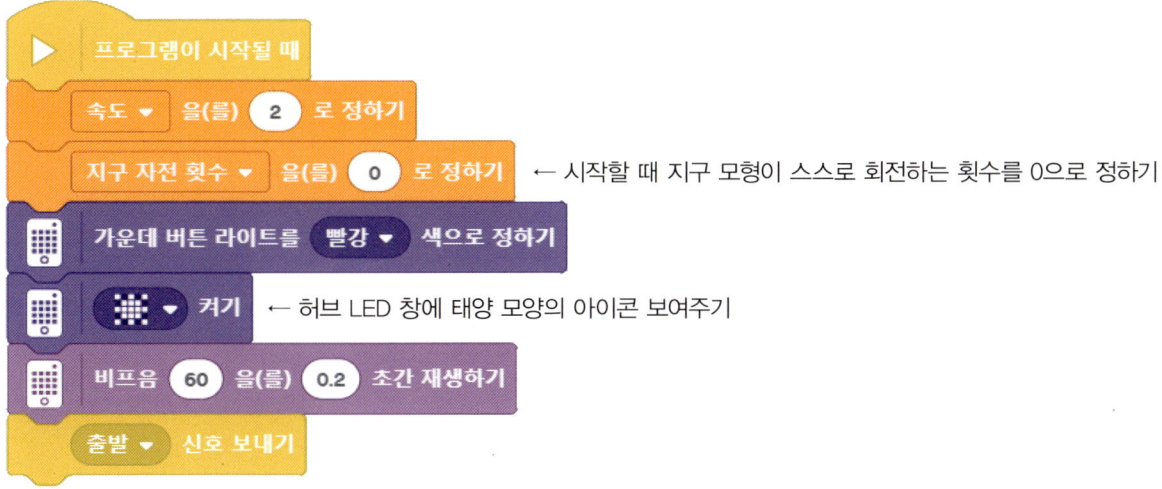

← 시작할 때 지구 모형이 스스로 회전하는 횟수를 0으로 정하기

← 허브 LED 창에 태양 모양의 아이콘 보여주기

← 2번 프로그램과 동일

← 만약에 지구 모형에 붙여둔 자주색 브릭이 컬러 센서 위를 지나가면 1바퀴 돌았으므로,

← 변수 [지구 자전 횟수]의 값에 1을 더하여 회전수를 기록하기

← 만약에 힘 센서가 '강하게 누름' 상태라면,

← 변수 [지구 자전 횟수] 값을 0으로 초기화 하기

← 힘 센서가 '누름' 상태가 되면 넘어가서 처음으로 돌아가 컬러 센서 작동을 시작하기

 도전해 볼까요?

Level ⭐⭐ 빔의 길이와 기어의 종류를 바꾸어 지구 모형의 회전속도를 바꿀 수 있나요?

Activity ♥ 아래의 계절별 대표 별자리를 각각 잘라서, 지구와 달 모형 주변으로 계절별 위치에 맞게 배치해 볼까요? (아래 표를 복사하고 잘라서 사용하세요.)

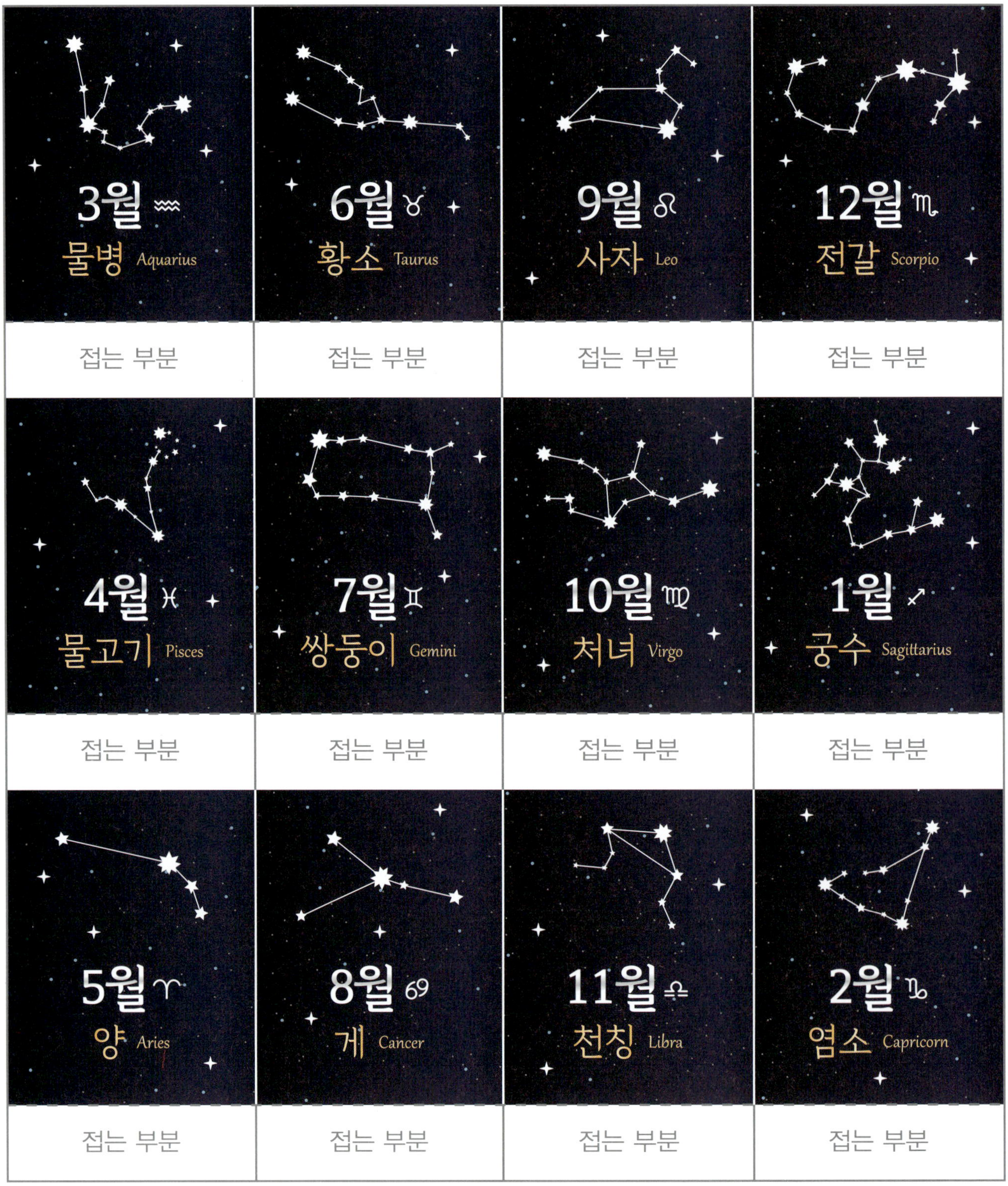

3월 ♒ 물병 Aquarius	6월 ♉ 황소 Taurus	9월 ♌ 사자 Leo	12월 ♏ 전갈 Scorpio
접는 부분	접는 부분	접는 부분	접는 부분
4월 ♓ 물고기 Pisces	7월 ♊ 쌍둥이 Gemini	10월 ♍ 처녀 Virgo	1월 ♐ 궁수 Sagittarius
접는 부분	접는 부분	접는 부분	접는 부분
5월 ♈ 양 Aries	8월 ♋ 게 Cancer	11월 ♎ 천칭 Libra	2월 ♑ 염소 Capricorn
접는 부분	접는 부분	접는 부분	접는 부분

Memo

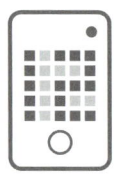

날씨를 알려주는 로봇을 만들어 볼까요?

주 제 클라우드 데이터를 활용하여, 날씨 안내 장치를 만들어 봅시다.
과 목 과학 5-2 3단원 날씨와 우리 생활

> ▶ 오늘 과학 시간에 무얼 만들까요?

매일 아침 일어나면, 학교에 오기 전에 날씨를 확인합니다. 오늘은 비가 오는지, 날이 흐린지, 태양이 뜨거운지에 따라 필요한 도구가 달라집니다.

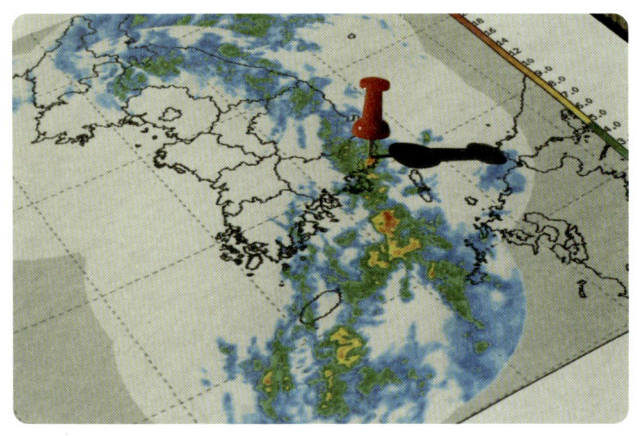

예전에는 바쁜 아침에도 텔레비전의 뉴스를 보며 날씨를 확인했지만, 요즘에는 스마트폰을 이용합니다. 더 나아가 사람의 목소리를 알아듣고, 그에 따라 날씨를 음성으로 안내해주는 스피커도 생겨났습니다. 검색하는 방법보다도 더 빠르고 편리해졌지요.

우리도 날씨를 알려주는 똑똑한 날씨 안내 로봇을 직접 만들어 봅시다.

오늘은 어떤 장치를 만들까요?

어떻게 움직이게 만들까요?

- 미디엄 모터 2개를 로봇의 다리로 사용하도록 연결하여 세운다.
- 왼쪽과 오른쪽의 미디엄 모터가 작동되는 곳에 각각 우산을 든 팔과 안경을 든 팔을 연결한다.
- 얼굴 부분인 허브를 다리 위에 올려 모터 2개를 연결하고, 각각의 팔을 올리고 내리도록 만든다.

어떤 부품이 필요할까요?

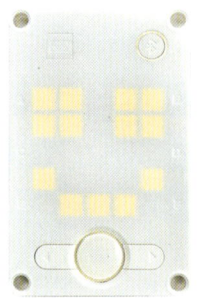

레고® 테크닉
라지 허브

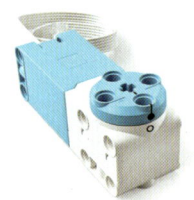

레고® 테크닉
미디엄 앵글 모터

 **허브** : 컴퓨터와 연결되어 서울 지역의 날씨 데이터를 입력받아 프로그램에 맞게 모터로 출력 신호를 보내요.

미디엄 모터 : 오른쪽 팔을 움직여 우산을 들어 올리거나, 왼쪽 팔을 움직여 안경을 들어 올려요.

이렇게 만들어요.

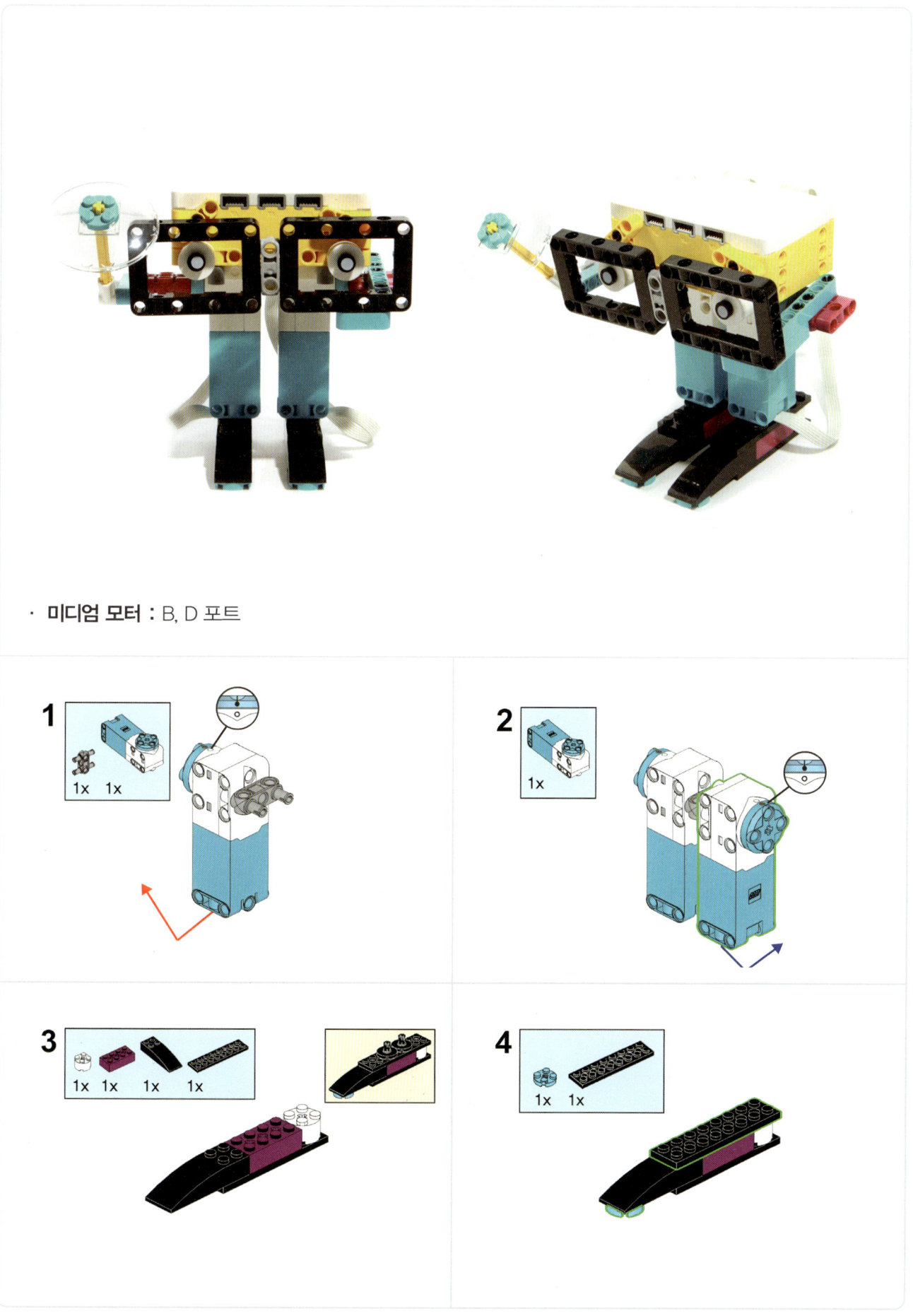

- **미디엄 모터** : B, D 포트

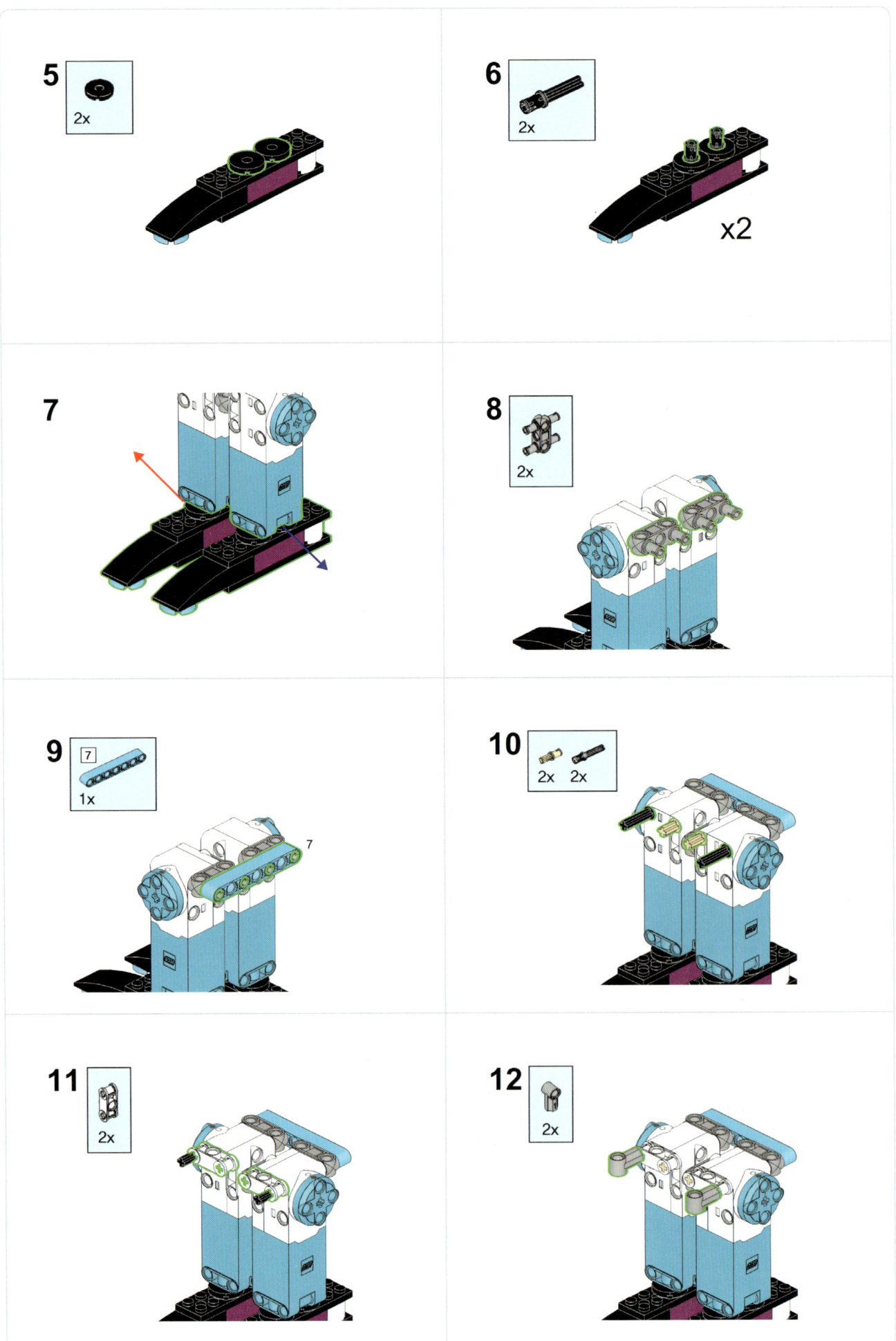

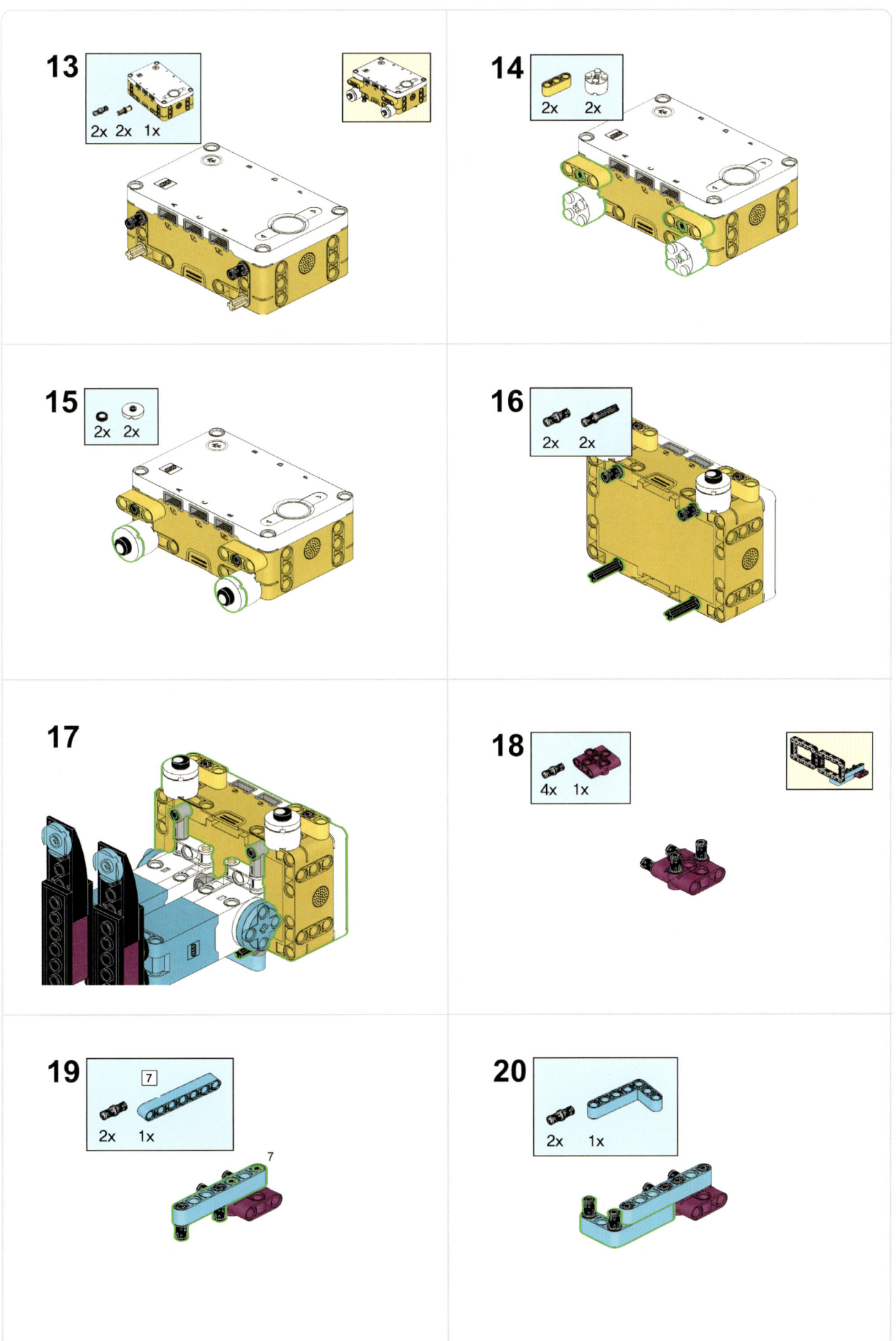

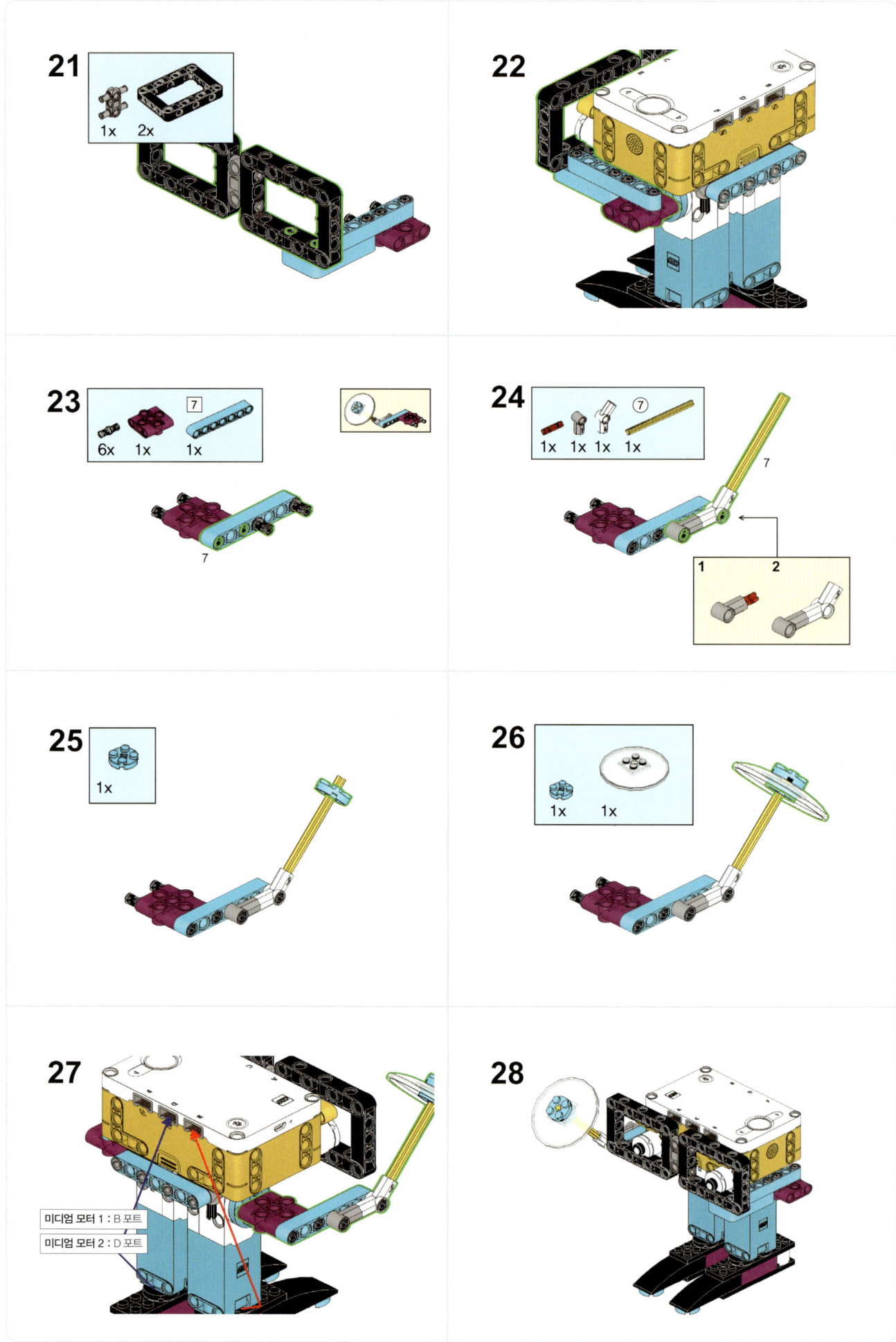

움직여 볼까요?

어떻게 코딩할까요?

- '서울' 위치의 날씨 데이터를 가져와 로봇 왼손 우산과 오른손 안경을 내려 준비하고 60초마다 '날씨' 신호를 보낸다.

- 날씨 신호를 받으면 로봇이 '도, 미, 솔' 소리를 낸 후, '맑음'이면 오른손을 올려 안경을 쓰고, LED 창에 햇빛 아이콘을 보여준다.

- '맑음'이 아니고, '비'라면 왼손을 올려 우산을 쓰고, LED 창에 우산 아이콘을 보여준다. '비'도 아니면 LED 창에 구름 아이콘만 보여준다.

어떤 코딩 블록으로 만들까요?

날씨 (확장요소)	위치를 seoul (으)로 정하기	지정된 위치(서울)의 날씨 데이터를 가져옵니다.
	예보 시간을 지금으로 정하기	지정된 위치(서울)의 데이터의 예보 시간을 지금으로 정합니다.
라이트	온도(℃) 쓰기	LED 창에 지정된 위치(서울)에 해당되는 지금 온도 값을 보여줍니다.
모터	B▼ 최단 경로▼ 방향으로 45 까지 이동하기	로봇 작동 전 왼쪽 모터를 초기 위치인 45도로 이동 시켜 우산을 아래로 내립니다.
모터 추가메뉴	B+D▼ 모터 100 %로 속도 정하기	모터의 작동 속도를 100%로 작동시킵니다.
이벤트	날씨▼ 신호 보내기	[날씨]라는 신호를 보내어 줍니다.
	날씨▼ 신호를 받았을 때	[날씨]라는 신호가 발생하면 받아서 아래 프로그램을 진행시킵니다.
센서	타이머 초기화	타이머를 실행 시켜 0초부터 시간이 다시 시작됩니다.
	타이머 > 60 까지 기다리기	타이머가 시작된 후 다음 프로그램으로 넘어가지 않고 기다리다가, 61초가 되면 넘어갑니다.
제어	만약 맑음▼ 인가? (이)라면 아니면	만약에 지정된 위치(서울)의 날씨 데이터가 현재 맑음이라면 첫 번째 줄 프로그램을 실행하고, 아니라면 두 번째 줄 프로그램을 실행합니다.

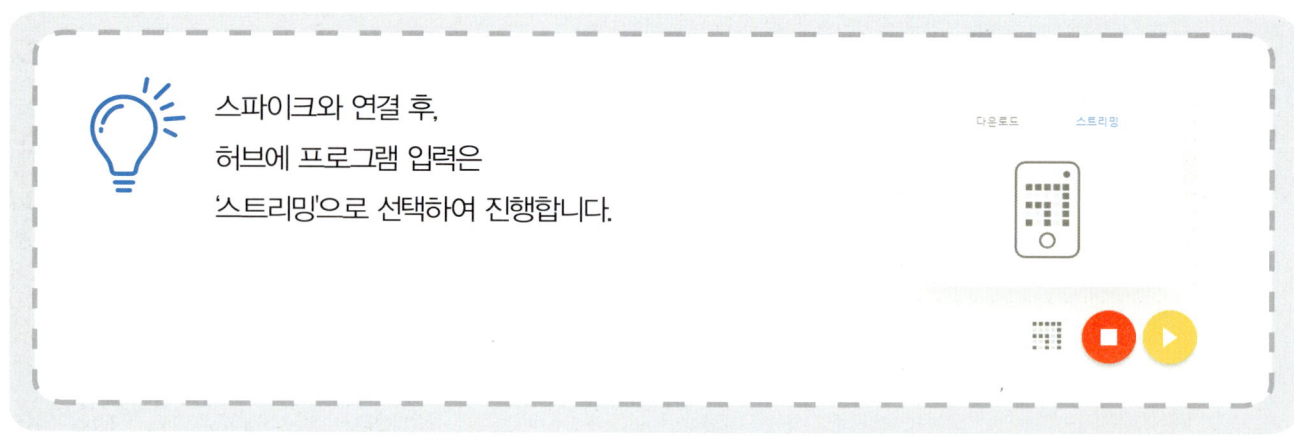

이렇게 코딩해요.

① 위치를 서울(seoul)로 정해 날씨 데이터를 가져와서, '온도' 보여주기

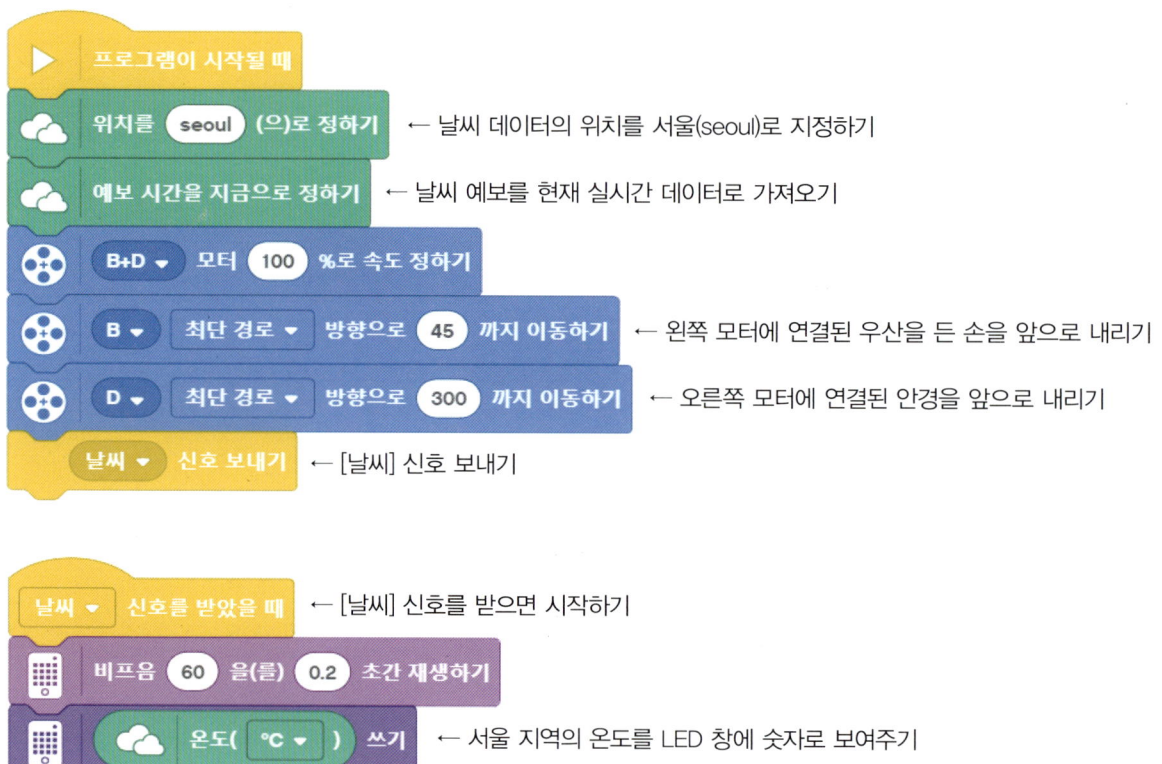

② 60초마다 서울(seoul)의 날씨 데이터를 가져와서, '맑음'이면 로봇이 안경을 쓰기

③ 서울(seoul)의 날씨 데이터가 '맑음' 또는 '비'에 따라 로봇이 안경 또는 우산 쓰기

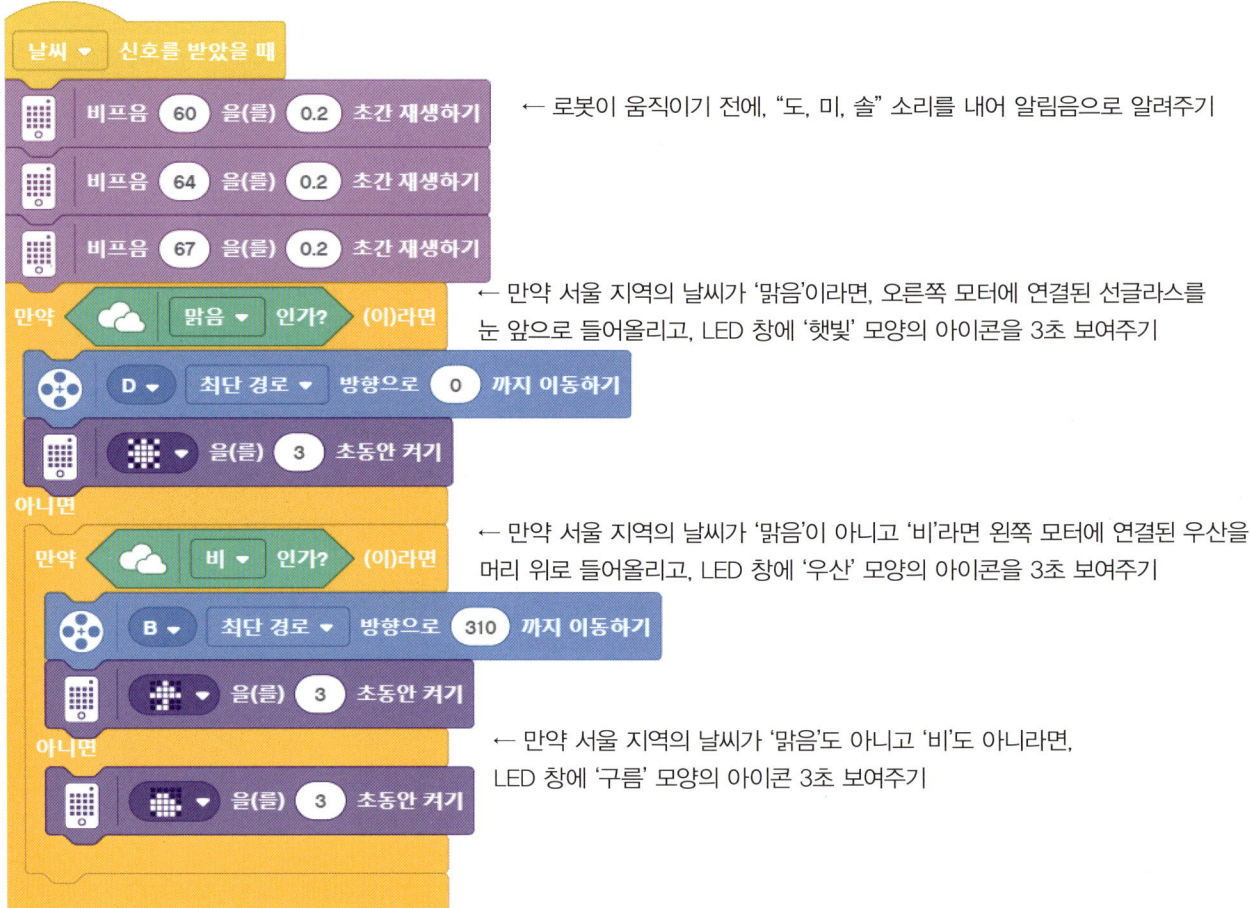

← 로봇이 움직이기 전에, "도, 미, 솔" 소리를 내어 알림음으로 알려주기

← 만약 서울 지역의 날씨가 '맑음'이라면, 오른쪽 모터에 연결된 선글라스를 눈 앞으로 들어올리고, LED 창에 '햇빛' 모양의 아이콘을 3초 보여주기

← 만약 서울 지역의 날씨가 '맑음'이 아니고 '비'라면 왼쪽 모터에 연결된 우산을 머리 위로 들어올리고, LED 창에 '우산' 모양의 아이콘을 3초 보여주기

← 만약 서울 지역의 날씨가 '맑음'도 아니고 '비'도 아니라면, LED 창에 '구름' 모양의 아이콘 3초 보여주기

도전해 볼까요?

Level ⭐ 로봇이 날씨를 알려준 후, 다음 시간까지 대기하는 중에는 LED 창에 그 위치의 온도, 풍속, 강수 중 하나를 선택하여 나타낼 수 있도록 코딩을 바꿀 수 있나요?

Activity ❤️❤️ 친구들과 함께 세계의 다양한 도시의 현재 날씨를 알아 볼까요?

도시이름	Seoul	London	New York	Sydney	Dubai
시간 기록	시 분	시 분	시 분	시 분	시 분
날씨 기록	°C	°C	°C	°C	°C

교과서 속 신나는 컴퓨터 과학 With SPIKE Prime

저자 김인철, 정한별, 강현웅, 차동연

발행일 2021년 2월 28일

개정판 2024년 4월 01일

발행처 ㈜핸즈온테크놀러지

주소 서울시 영등포구 양평로30길 14 세종앤까뮤스퀘어 910호

전화 (02) 2608-2633

홈페이지 www.handsontech.co.kr

가격 20,000원

ISBN 979-11-954902-8-8

저자의 허락없이 무단전재나 복사를 금합니다.
파본이나 낙장본은 당사로 연락주시면 교환해 드립니다.